Das Erste Englische Lesebuch für Studenten

Steven Reed

Das Erste Englische Lesebuch für Studenten

Zweisprachig mit Englisch-deutscher Übersetzung

Stufen A1 und A2

Das Erste Englische Lesebuch für Studenten
von Steven Reed

Audiodateien www.lppbooks.com/English/SuG/

Homepage www.audiolego.com

Umschlaggestaltung: Audiolego Design
Umschlagfoto: Canstockphoto

Druck: KN Digital Printforce GmbH, Ferdinand-Jühlke-Straße 7, 99095 Erfurt

Table of contents
Inhaltsverzeichnis

So steuern Sie die Geschwindigkeit der Audiodateien

Das Buch ist mit den Audiodateien ausgestattet. Die Adresse der Homepage des Buches, wo Audiodateien zum Anhören und Herunterladen verfügbar sind, ist am Anfang des Buches auf der bibliographischen Beschreibung vor dem Copyright-Hinweis aufgeführt. Mithilfe von QR-Codes kann man im Handumdrehen eine Audiodatei aufrufen, ohne Webadressen manuell eingeben. Öffnen Sie einfach ihre Kamera-App und halten ihr Smartphone über den gedruckten QR-Code. Ihr Smartphone erkennt was sich hinter dem Code verbirgt und bittet Sie dem eingescannten Audiodateilink zu folgen.

Wir empfehlen Ihnen, den kostenlosen VLC-Mediaplayer zu verwenden, die Software, die zur Steuerung der Wiedergabegeschwindigkeit aller Audioformate verwendet werden kann.

Englisches Alphabet

Die englische Sprache wird im lateinischen Alphabet geschrieben. Es besteht aus denselben 26 Buchstaben, aus denen auch das deutsche Alphabet besteht. Sie werden jedoch anders ausgesprochen.

Sonderzeichen (außer: Apostroph, z.B. He'll...), Akzente und diakritische Zeichen kennt die englische Schrift nicht.

Buchstabe	Name	Aussprache (IPA)	Buchstabe	Name	Aussprache (IPA)
A	*a*	/eɪ/	P	*pee*	/piː/
B	*bee*	/biː/	Q	*cue*	/kjuː/
C	*cee*	/siː/	R	*ar*	/ɑr/
D	*dee*	/diː/	S	*ess*	/ɛs/
E	*i*	/iː/	T	*tee*	/tiː/
F	*ef*	/ɛf/	U	*u*	/juː/
G	*gee*	/dʒiː/	V	*vee*	/viː/
H	*aitch*	/eɪtʃ/	W	*double-u*	/ˈdʌbljuː/
I	*ei*	/aɪ/	X	*ex*	/ɛks/
J	*jay*	/dʒeɪ/	Y	*wy* oder *wye*	/waɪ/
K	*kay*	/keɪ/			
L	*el*	/ɛl/	Z	zed	/zɛd/, zee im Amerikanischen Englisch /ziː/
M	*em*	/ɛm/			
N	*en*	/ɛn/			
O	*o*	/oʊ/			

Vokalgruppen

En	De	Beschreibung	Beispiele
ai	ey	langes e, das in 'i' übergeht	air (Lüft)
aw	o:	offenes, langes o	paw (Pfote)
ei	ey	langes e, das in 'i' übergeht	eight (acht),
ei	ei	wie in Eifer	either (weder)
ei	i:	langes i, wie in Lied	deceit (Betrug)

ea	i:	langes i, wie in Lied	eat (essen)
ea	ä	offenes, kurzes ä	beaver (Biber)
ee	i:	langes i, wie in Lied	bee (Biene)
ie	ie	langes i, wie in Lied	believe (glauben)
ia	eia	das i (ei) und das a (ä) getrennt ausgesprochen	liability (Verpflichtung)
ia	iä	kurzes i und kurzes ä	billiard (Billard)
eu	ju	wie in jung	Euro (Euro)
ew	ju	wie in jung	new (neu)
ue	ju:	wie in jung	due (gültig)
oo	u	langes u, wie in Jugend	foot (Fuß)

Konsonantengruppen

En	De	Beschreibung	Beispiele
ch	tsch	wie checken	chat (Unterhaltung)
ch	k	wie Kranz	Chemical (chemisch)
ck	k	wie Nacken	lock (Schloss)
gh	f	wie in kaufen	laugh (lachen), enough (genug)
gh	-	ohne Betonung	through (durch)
ng	ng	wie springen	sing (singen)
qu	kw	wie Quitte, mit schwach betontem w	quit (beenden)
sh	sch	wie lauschen	cash (Bargeld)
sp	sp	ein echtes sp	sport (Sport)
st	st	ein echtes st	stock (Aktienkapital)
th		weicher Laut	the (der, die, das)
th		harter Laut	theater (Theater)

Die englischen Laute in der Internationalen Lautschrift

Vokale

	Beispiele	Aussprache
ʌ	nut [nʌt] come [kʌm]	leicht geschlossenes aber ungerundetes a
ɑː	start [stɑːt] park [pɑːk]	
æ	bat [bæt] cat [kæt]	
ə	printer ['prɪntə]	wie das End-e in Katze, bitte
e	pet [pet] get [get]	ä wie in Bär, Käse
ɜː	earn [ɜːn] firm [fɜːm]	etwa wie ir in Wirt, aber offener
ɪ	bin [bɪn] big [bɪg]	kurzes i wie in Tisch
iː	meet [miːt] sea [siː]	langes i wie in biegen
ɔ	box [bɔks] want [wɔnt]	
ɔː	door [dɔː] source [sɔːs]	wie oo in boot
ʊ	cook [kʊk] good [gʊd]	kurzes u wie in Nummer
uː	two [tuː] cool [kuːl]	langes u wie in Blut, aber offener

Vokale, silbig

	Beispiele	Aussprache
aɪ	bike [baɪk] kind [kaɪnd]	etwa wie ei in Rein
aʊ	house [haʊs] round [raʊnd]	
əʊ	home [həʊm] go [gəʊ]	von /ə/ zu /ʊ/ gleiten
eə	care [keə] bear [beə]	
eɪ	game [geɪm] day [deɪ]	
ɪə	dear [dɪə] beer [bɪə]	von /ɪ/ zu /ə/ gleiten
ɔɪ	oil [ɔɪl] boy [bɔɪ]	etwa wie eu in neu
ʊə	poor [pʊə] tour /tʊə/	

Konsonanten

	Beispiele	Aussprache
j	year [jɪə] few [fjuː]	wie j in Junge
w	want [wɔnt] way [weɪ]	

ŋ	gang [gæŋ] king [kɪŋ]	wie ng in lang
r	carry ['kærɪ] room [ruːm]	
s	sad [sæd] face [feɪs]	stimmloses s wie in Pasta
z	is /ɪz/ zero ['zɪərəʊ]	stimmhaftes s wie in Hase
ʃ	cash [kæʃ] station ['steɪʃn]	wie sch in Schale
tʃ	chain [tʃeɪn] much [mʌtʃ]	wie tsch in Tschüss
ʒ	conclusion [kən'kluːʒn]	
dʒ	jam [dʒæm] general ['dʒenrəl]	wie in Job
θ	month [mʌnθ] thanks [θæŋks]	
ð	this [ðɪs] father ['fɑːðə]	
v	drive [draɪv] very ['verɪ]	etwa wie w in wir

Betonungszeichen

ː bedeutet, dass der vorhergehende Vokal lang zu sprechen ist

ˈ Hauptbetonung (bedeutet, dass die nachfolgende Silbe betont gesprochen wird)

ˌ Nebenbetonung (bedeutet, dass die nachfolgende Silbe betont gesprochen wird)

1

Break the ice

Brich das Eis

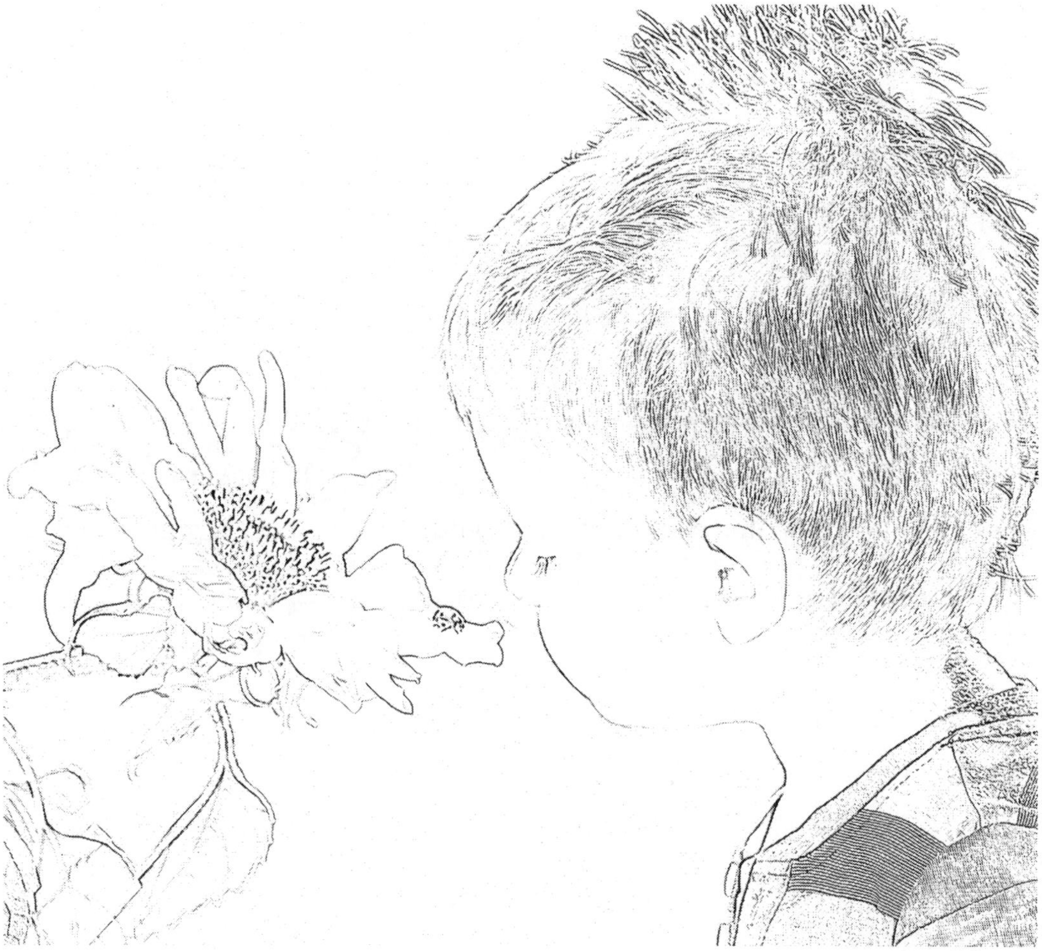

“Mom, I was brave today!” a little boy says to his mom. “I was looking at a big, live bug and I did not run away!”

„Mama, ich war heute mutig!“ sagt ein kleiner Junge zu seiner Mutter. „Ich habe mir einen großen, lebenden Käfer angesehen und bin nicht weggelaufen!“

The kitchen

Die Küche

A

Words

across from [ə'krɔs frɔm] - gegenüber
also, too ['ɔːlsoʊ | tuː] - auch
and [ænd] - und
at home [ət hoʊm] - zu Hause
be (located) [bɪ loʊ'keɪtɪd] - sich befinden
behind, for [bɪ'haɪnd | fɔː] - hinter
big [bɪg] - groß
blender ['blendə] - der Blender
careful ['keəfʊl] - sorgfältig
cat [kæt] - die Katze
ceiling ['siːlɪŋ] - die Decke
chair [tʃeə] - der Stuhl
chandelier [ʃændə'lɪə] - der Kronleuchter
chicken ['tʃɪkɪn] - das Hühnchen
city ['sɪtɪ] - die Stadt
clean [kliːn] - sauber
coffeemaker ['kɔfɪˌmekə] - die Kaffeemaschine
comfortable ['kʌmftəbəl] - bequem
corner ['kɔːnə] - die Ecke
cozy, comfortable ['koʊzɪ | 'kʌmftəbəl] - gemütlich

cup [kʌp] - die Tasse
cupboard, wardrobe, bookcase ['kʌbəd | 'wɔːdroʊb | 'bʊk keɪs] - der Schrank, das Regal
dirty ['dɜːtɪ] - schmutzig
dishes ['dɪʃɪz] - das Geschirr
dog [dɔg] - der Hund
door [dɔː] - die Tür
drier ['draɪə] - der Trockner, der Fön (für die Haare)
drink [drɪŋk] - trinken
fish [fɪʃ] - der Fisch
flower ['flaʊə] - die Blume
for [fɔː] - für
fork [fɔːk] - die Gabel
from, out of [frɔm | 'aʊt ɔv] - aus, von
garden ['gɑːdən] - der Garten
gas [gæs] - das Gas
glass ['glɑːs] - das Glas
go into [goʊ 'ɪntə] - eingehen
gray [greɪ] - grau
green ['griːn] - grün
hall [hɔːl] - der Flur
handle ['hændəl] - der Griff
hang [hæŋ] - hängen
he/she/it [hɪ ʃɪ ɪt] - er/sie/es
house ['haʊs] - das Haus
in [ɪn] - in
kitchen ['kɪtʃɪn] - die Küche
light [laɪt] - das Licht; leicht
metal ['metəl] - metallen, Metall-
mixer ['mɪksə] - der Mixer
napkin ['næpkɪn] - die Serviette
near [nɪə] - nah, in der Nähe
new [njuː] - neu
no; there isn't, there aren’t [noʊ | ðər 'ɪznt | ðər ɑːnt] - nein; es gibt kein(e/en)
old [oʊld] - alt
on [ɔn] - auf
on the left [ɔn ðə left] - links
on the right [ɔn ðə raɪt] - rechts
on top of, over, above [ɔn tɔp ɔv | 'oʊvə | ə'bʌv] - obere
or [ɔː] - oder
picture ['pɪktʃə] - das Bild
plate [pleɪt] - der Teller
pretty, beautiful ['prɪtɪ | 'bjuːtəfəl] - schön
red [red] - rot
refrigerator [rɪ'frɪdʒəreɪtə] - der Kühlschrank
roof [ruːf] - das Dach
round ['raʊnd] - rund
rubber ['rʌbə] - der Gummi
run [rʌn] - laufen
sea [siː] - die See, das Meer
ship [ʃɪp] - das Schiff
sink [sɪŋk] - der Ausguss, das Becken
small [smɔːl] - klein
spacious ['speɪʃəs] - geräumig
spoon [spuːn] - der Löffel
stand [stænd] - stehen
steal [stiːl] - stehlen
stove [stoʊv] - der Herd
street [striːt] - die Straße
table ['teɪbəl] - der Tisch
tablecloth ['teɪblklɔθ] - das Tischtuch
tea [tiː] - der Tee

teapot ['ti:pɔt] - der Teekessel
there is, there are [ðə ɪz | ðər ɑ:] - es gibt, es sind
this [ðɪs] - das
toaster ['toʊstə] - der Toaster
trample ['træmpəl] - treten, trampeln
wall [wɔ:l] - die Wand
want [wɔnt] - wollen
washer, washing ['wɔʃə | 'wɔʃɪŋ] - das Waschen
water ['wɔ:tə] - das Wasser
we [wɪ] - wir
what ['wɔt] - was
where [weə] - wo
white [waɪt] - weiß
window ['wɪndoʊ] - das Fenster
with [wɪð] - mit
wooden ['wʊdən] - Holz-
yellow ['jeloʊ] - gelb
yes [jes] - ja

B

This is a city. It is big and beautiful. It is located near the sea.
This is a street. It is in the city. The street is large and clean
This is a house. The house is in the street. It is neat and beautiful. The walls are white. The roof is red. The door is new. It is wooden.
This is a garden. The garden is located near the house. It's big and green. A dog is running after a chicken in the garden. It tramples on flowers.
We go into the house. This is a hall. The hall is spacious and comfortable.
The kitchen is on the right. The kitchen is large and bright. The walls are yellow. The ceiling is white.
There is a chandelier on the ceiling. It is big and beautiful.
This is a table. It's big and round. There

Das ist eine Stadt. Sie ist groß und schön. Sie liegt in der Nähe der See.
Das ist eine Straße. Sie liegt in der Stadt. Die Straße ist groß und sauber.
Das ist ein Haus. Das Haus liegt an der Straße. Es ist angenehm und schön. Die Wände sind weiß. Das Dach ist rot. Die Tür ist neu. Sie ist aus Holz.
Das ist ein Garten. Der Garten liegt an dem Haus. Er ist groß und grün. Ein Hund verfolgt ein Hühnchen im Garten. Er trampelt über die Blumen.
Wir gehen ins Haus ein. Das ist der Flur. Der Flur ist geräumig und bequem.
Rechts ist die Küche. Die Küche ist groß und hell. Die Wände sind gelb. Die Decke ist weiß.
Es gibt einen Kronleuchter unter der Decke. Er ist groß und schön.
Das ist ein Tisch. Er ist groß und rund. Ein Tischtuch liegt auf dem Tisch.

is a tablecloth on the table.
This is a mixer. It is on the table. It's comfortable and small.
This is a glass. It is also on the table. It is made of glass. The glass is clean.
Near the table there is a chair. It is wooden. The chair is comfortable.
This is a refrigerator. It is gray. The refrigerator is new. It is located in the corner. There is a cat near the refrigerator. He wants to steal fish from the refrigerator.
This is a toaster. It is standing on the refrigerator. The toaster is small and convenient.
This is a coffee maker. It is standing near the sink. The coffee maker is dirty.
This is a blender. It is also on the refrigerator. It is white. The blender is old.
There is a window across from the refrigerator. It is large and clean.
This is a stove. It is located near the window. It is new and convenient
This is a kettle. It is on a gas stove. It is metal with a rubber handle.
Near the refrigerator there is a dishwasher. To the left, there is a dryer for dishes.
This is a cupboard. It hangs over the sink. It is wooden.
This is a napkin. It is in the kitchen cupboard. It's small and clean.

Das ist ein Mixer. Er liegt auf dem Tisch. Er ist bequem und klein.
Das ist ein Glas. Es steht auch auf dem Tisch. Es ist gläsern. Das Glas ist sauber.
Neben dem Tisch steht ein Stuhl. Er ist aus Holz. Der Stuhl ist bequem.
Das ist ein Kühlschrank. Er ist grau. Der Kühlschrank ist neu. Er steht in der Ecke. Eine Katze sitzt neben dem Kühlschrank. Sie will aus dem Kühlschrank einen Fisch stehlen.
Das ist ein Toaster. Er steht auf dem Kühlschrank. Er ist klein und praktisch.
Das ist eine Kaffeemaschine. Sie steht neben dem Ausguss. Die Kaffeemaschine ist schmutzig.
Das ist ein Blender. Er steht auch auf dem Kühlschrank. Er ist weiß. Der Blender ist alt.
Gegenüber des Kühlschranks gibt es ein Fenster. Es ist groß und sauber.
Das ist ein Herd. Er befindet sich neben dem Fenster. Er ist neu und praktisch.
Das ist ein Teekessel. Es steht auf dem Gasherd. Es ist metallen und hat einen Griff aus Gummi.
Neben dem Kühlschrank steht eine Spülmaschine. Links gibt es einen Trockner für das Geschirr.
Das ist ein Regal. Er hängt über dem Ausguss. Er ist aus Holz.
Das ist eine Serviette. Es liegt in dem Küchenregal. Es ist klein und sauber.
Das ist ein Bild. Es hängt auf der Wand. Es

This is a picture. It is on the wall. There is the sea and a ship in the painting.
This is the kitchen table. It is located in the corner. It is large and wooden.
This is a fork. It is on the table. The fork is metal. It is clean.
This is a dish. It is on the kitchen table. The plate is yellow. It's small and beautiful.
This is a cup. It is also on the kitchen table. The cup is red. A cat drinks water from the cup.
This is a teaspoon. It is located in a cup. The spoon is metal. It's small.

gibt das Meer und ein Schiff auf dem Bild.
Das ist der Küchentisch. Er steht in der Ecke. Er ist groß und hölzern.
Das ist eine Gabel. Sie liegt auf dem Küchentisch. Die Gabel ist aus Metall. Sie ist sauber.
Das ist ein Teller. Er steht auf dem Küchentisch. Der Teller ist gelb. Er ist klein und schön.
Das ist eine Tasse. Sie steht auch auf dem Küchentisch. Die Tasse ist rot. Eine Katze trinkt Wasser aus der Tasse.
Das ist ein Teelöffel. Er befindet sich in einer Tasse. Der Löffel ist aus Metall. Er ist klein.

C

Questions and answers

- Where is the city?
- It is located near the sea.
- Is the street big or small?
- The street is big.
- Where is the house?
- The house is in the street.
- Where is the garden?
- The garden is located near the house.
- The garden is large or small?
- The garden is large.
- Is the hall spacious?
- Yes, the hall is spacious.
- Where's the kitchen?
- Kitchen is on the right.
- Where is the mixer?

Fragen und Antworten

- Wo ist die Stadt?
- Sie liegt in der Nähe der See.
- Ist die Straße groß oder klein?
- Die Straße ist groß.
- Wo ist das Haus?
- Das Haus ist in der Straße.
- Wo ist der Garten?
- Der Garten befindet sich neben dem Haus.
- Ist der Garten groß oder klein?
- Der Garten ist groß.
- Ist der Flur geräumig?
- Ja, der Flur ist geräumig.
- Wo ist die Küche?
- Die Küche ist rechts.
- Wo ist der Mixer?

- The mixer on the table.
- Is there a tablecloth on the table?
- Yes, there is a tablecloth on the table.
- What is there on the table?
- There is a glass on the table.
- It is dirty?
- No, the glass is clean.
- Where's the fridge?
- The refrigerator is in the corner.
- Where is the cat?
- The cat is near the refrigerator.
- Where is the coffeemaker?
- The coffeemaker is near the sink.
- Is the coffeemaker clean?
- No, it's dirty.
- Is there a window in the kitchen?
- Yes, the window is across from the refrigerator.
- Is the window large?
- Yes, it's large.
- Where is the fork?
- The fork is on the kitchen table.
- Is the plate also on the kitchen table?
- Yes, a plate is on the kitchen table.
- Are there napkins in the kitchen?
- Yes, there are napkins in the kitchen cupboard.
- Is there a clean cup in the kitchen?
- Yes, the clean cup is on the table.
- Is the cup red?
- Yes, it is red.

- Der Mixer liegt auf dem Tisch.
- Gibt es ein Tischtuch auf dem Tisch?
- Ja, es gibt ein Tischtuch auf dem Tisch.
- Was gibt es auf dem Tisch?
- Es gibt ein Glas auf dem Tisch.
- Ist das Glas schmutzig?
- Nein, das Glas ist sauber.
- Wo ist der Kühlschrank?
- Der Kühlschrank steht in der Ecke.
- Wo ist die Katze?
- Die Katze sitzt neben dem Kühlschrank.
- Wo ist die Kaffeemaschine?
- Die Kaffeemaschine ist neben dem Ausguss.
- Ist die Kaffeemaschine sauber?
- Nein, sie ist schmutzig.
- Gibt es ein Fenster in der Küche?
- Ja, das Fenster ist gegenüber des Kühlschranks.
- Ist das Fenster groß?
- Ja, es ist groß.
- Wo ist die Gabel?
- Sie liegt auf dem Küchentisch.
- Ist der Teller auch auf dem Küchentisch?
- Ja, es gibt auch einen Teller auf dem Küchentisch.
- Gibt es Servietten in der Küche?
- Ja, es gibt Servietten in dem Küchenregal.
- Gibt eine saubere Tasse in der Küche?
- Ja, die saubere Tasse ist auf dem Tisch.
- Ist die Tasse rot?
- Ja, sie ist rot.

2

Break the ice
Brich das Eis

Two little boys are talking.
"How did you name your younger brother?" one of them asks the other.
"I wanted to name him Batman," the boy answered and sighed deeply, "but my parents named him Tom."

Zwei kleine Jungen reden.
„Wie hast du deinen jüngeren Bruder genannt?“, fragt einer von ihnen den anderen.
„Ich wollte ihn Batman nennen“, antwortete der Junge und seufzte tief, „aber meine Eltern nannten ihn Tom.“

Where is the dining room?

Wo ist das Speisezimmer?

Words

blue [blu:] - blau
brown [braʊn] - braun
carpet ['kɑ:pɪt] - der Teppich
color ['kʌlər] - die Farbe
dining room ['daɪnɪŋ ru:m] - das Speisezimmer
empty ['emptɪ] - leer
enter ['entə] - (her)einkommen
floor [flɔ:] - der Fußboden, die Etage
four [fɔ:] - vier
here [hɪə] - hier
how much ['haʊ 'mʌtʃ] - wieviel
knife [naɪf] - das Messer
mirror ['mɪrə] - der Spiegel
new [nju:] - neu
not [nɔt] - nicht
plastic ['plæstɪk] - der Kunststoff
red [red] - rot
room [ru:m] - das Zimmer
shelf [ʃelf] - das Regal
sit [sɪt] - sitzen
six [sɪks] - sechs
these (plural) [ði:z 'plʊərəl] - diese (Pl.)
they ['ðeɪ] - sie (Pl.)

this [ðɪs] - diese/r
three [θriː] - drei
vase [vɑːz] - die Vase
watch [wɔtʃ] - anschauen
which, what [wɪtʃ | 'wɔt] - welche(r/s), was für ein(e)
white [waɪt] - weiß

B

- Is this the kitchen?
- Yes, this is the kitchen.
- Where is the dining room?
- The dining room is to the left.
We enter the dining room.
- What is this?
- This is a table.
- Is the table plastic?
- No, it is made of wood.
- What is there on the table?
- These are plates and spoons.
- Are they clean?
- Yes, they are clean.
- What is there at the table?
- This is a chair.
- Is it new?
- Yes, it is new and comfortable.
- What color is this chair?
- This chair is brown.
- How many chairs are in this room?
- There are four chairs in this room.
- Where are the cups?
- The cups are on the table.
- Where is the tea kettle?
- The kettle is on the stove.
- Is it empty?

- Ist das die Küche?
- Ja, das ist die Küche.
- Wo ist das Speisezimmer?
- Das Speisezimmer ist links.
Wir treten in das Speisezimmer ein.
- Was ist das?
- Das ist ein Tisch.
- Ist er aus Kunststoff?
- Nein, er ist hölzern.
- Was gibt es auf dem Tisch?
- Es gibt Teller und Löffel.
- Sind sie sauber?
- Ja, sie sind sauber.
- Was gibt es an dem Tisch?
- Das ist ein Stuhl.
- Ist er neu?
- Ja, er ist neu und bequem.
- Welche Farbe hat dieser Stuhl?
- Der Stuhl ist braun.
- Wie viele Stühle gibt es in diesem Raum?
- Es gibt vier Stühle in diesem Raum.
- Wo sind die Tassen?
- Die Tassen stehen auf dem Tisch.
- Wo ist der Teekessel?
- Der Teekessel ist auf dem Herd.
- Ist er leer?

- No, it is not empty. The cat is sitting in the teapot.
- What is hanging on the wall?
- It is a picture.
- Is the picture new or old?
- It is beautiful and old.
- Where are the napkins?
- The napkins are in a cabinet.
- Where is the cabinet?
- It is standing near the picture.
- What color is the cabinet?
- It is white.
- How many shelves are there in the cabinet?
- The cabinet has three shelves.
- Where are the forks?
- The forks are also in the cabinet.
- What is this?
- This is a mirror. The dog is looking in the mirror.
- What's on the floor?
- This is a carpet.
- What color is this carpet?
- This carpet is blue.
- What color is the ceiling?
- The ceiling is gray.
- What is hanging on the ceiling?
- This is a chandelier.
- What color is this chandelier?
- This chandelier is blue and white.
- Where is the refrigerator?
- It is located in the kitchen.
- Is the refrigerator big?

- Nein, er ist nicht leer. Die Katze sitzt in dem Teekessel.
- Was hängt auf der Wand?
- Das ist ein Bild.
- Ist das Bild neu oder alt?
- Es ist schön und alt.
- Wo sind die Servietten?
- Die Servietten sind im Schränkchen.
- Wo ist das Schränkchen?
- Es steht in der Nähe des Bildes.
- Welche Farbe hat das Schränkchen?
- Es ist weiß.
- Wie viele Regale gibt es im Schränkchen?
- Das Schränkchen hat drei Regale.
- Wo sind die Gabeln?
- Die Gabeln sind auch im Schränkchen.
- Was ist das?
- Das ist ein Spiegel. Der Hund schaut in den Spiegel.
- Was liegt auf dem Fußboden?
- Das ist ein Teppich.
- Welche Farbe hat der Teppich?
- Der Teppich ist blau.
- Welche Farbe hat die Decke?
- Die Decke ist grau.
- Was hängt unter der Decke?
- Das ist ein Kronleuchter.
- Welche Farbe hat der Kronleuchter?
- Der Kronleuchter ist blau und weiß.
- Wo ist der Kühlschrank?
- Er steht in der Küche.
- Ist der Kühlschrank groß?
- Ja, er ist groß.

- Yes, it's big.
- What color is the refrigerator?
- The refrigerator is gray. The cat is eating fish from the refrigerator.
- Where's the blender?
- It is on the refrigerator.
- Is the blender new?
- Yes, it is new.
- Where is the coffee maker?
- It is near the sink.
- Is the coffee maker clean?
- No, it's dirty.
- Where is the toaster?
- It is in the kitchen cabinet.
- What is there on the table?
- This is a vase.
- Is it glass?
- Yes, it is glass.
- What is standing in the vase?
- These are flowers there.
- How many flowers are there in the vase?
- There are six flowers in the vase.
- What color are these flowers?
- They are red.
- Is there the mixer here?
- No, the mixer is in the kitchen.
- Are there knives in the cabinet?
- Yes, there are knives in the cabinet.
- What color is this dish?
- It is blue.
- What color is this wall?
- It is green.

- Welche Farbe hat der Kühlschrank?
- Der Kühlschrank ist grau. Die Katze frißt einen Fisch aus dem Kühlschrank.
-Wo ist der Blender?
- Er liegt auf dem Kühlschrank.
- Ist der Blender neu?
- Ja, er ist neu.
- Wo ist die Kaffeemaschine?
- Sie steht neben dem Ausguss.
- Ist die Kaffeemaschine sauber?
- Nein, sie ist schmutzig.
- Wo ist der Toaster?
- Er ist im Küchenregal.
- Was gibt es auf dem Tisch?
- Das ist eine Vase.
- Ist sie gläsern?
- Ja, sie ist gläsern.
- Was steht in der Vase?
- Es sind Blumen da.
- Wie viele Blumen gibt es in der Vase?
- Es sind sechs Blumen in der Vase.
- Welche Farbe haben diese Blumen?
- Sie sind rot.
- Gibt es den Mixer hier?
- Nein, der Mixer ist in der Küche.
- Gibt es Messer im Schränkchen?
- Ja, es sind Messer im Schränkchen.
- Welche Farbe hat dieser Teller?
- Er ist blau.
- Welche Farbe hat diese Wand?
- Sie ist grün.

3

Break the ice

Brich das Eis

A mom comes into the bedroom and sees her little son lying on the floor.
"Paul, are you sleeping?" the mom asks.
"No. I am playing," the son answers.
The mom goes away. She returns to the bedroom ten minutes later. Her son is lying on the floor in the same place.
"What game are you playing?" she asks.
"I am playing a robot. A broken robot."

Eine Mutter kommt ins Schlafzimmer und sieht ihren kleinen Sohn auf dem Boden liegen.
„Paul, schläfst du?“, fragt die Mutter.
„Nein, ich spiele“, antwortet der Sohn.
Die Mutter geht weg. Sie kommt zehn Minuten später in das Schlafzimmer zurück. Ihr Sohn liegt auf dem Boden an der gleichen Stelle.
„Welches Spiel spielst du?“, fragt sie.
„Ich spiele einen Roboter. Einen kaputten Roboter.”

The hall

Der Saal

Words

also ['ɔːlsoʊ] - auch

armchair ['ɑːmtʃeə] - der Sessel

at, near [æt | nɪə] - bei, an

beige [beɪʒ] - beigefarben, beige

black [blæk] - schwarz

book [bʊk] - das Buch

coffee table ['kæfɪ 'teɪbəl] - das Tischlein

fireplace ['faɪəpleɪs] - der Kamin

hall, auditorium [hɔːl | ˌɔːdɪ'tɔːrɪəm] - der Saal, die Halle

interesting ['ɪntrəstɪŋ] - interessant

lamp [læmp] - die Lampe

lie [laɪ] - liegen

little table ['lɪtəl 'teɪbəl] - das Tischlein

many, a lot ['menɪ | ə lɒt] - viele

more, still [mɔː | stɪl] - mehr, noch

near [nɪə] - nah

pass [pɑːs] - vergehen

photograph ['foʊtəgrɑːf] - das Foto

pillow ['pɪloʊ] - das Kissen

purple ['pɜːpəl] - purpurrot

radio ['reɪdɪoʊ] - der Rundfunk, das Radio

rose [roʊz] - die Rose

Shakespeare ['ʃeɪkˌspɪr] - Shakespeare
sofa, couch ['soʊfə | kaʊtʃ] - das Sofa
soft [sɔft] - weich
straight [streɪt] - geradeaus
switch [swɪtʃ] - der Schalter
tulip ['tju:lɪp] - die Tulpe
Tv-set [ˌti:'vi: set] - der Fernseher
under ['ʌndə] - unter
whether, if ['weðə | ɪf] - ob
work, function ['wɜ:k | 'fʌŋkʃən] - arbeiten, funktionieren

- Where is the hall?
- The hall is straight ahead.
We pass into the hall. The room is large and cozy. The ceiling is gray. The walls are green.
- What is there on the floor?
- On the floor there is a carpet. It is soft. The carpet is purple.
- What is standing on the carpet?
- There is a coffee table on the carpet. It is glass. On the table there is an interesting book. It is gray.
- Where is the armchair?
- The armchair is behind the coffee table. It is large and comfortable.
- Is there a sofa in this room?
- Yes, the sofa stands near a window. A cat is sitting on the couch with fish. There are couch cushions lying on the couch as well. They are purple. The pillows are soft and comfortable.
- What is hanging on the wall?
- A picture is hanging on the wall.
- Where is the fireplace in this room?

- Wo ist der Saal?
- Der Saal ist geradeaus.
Wir treten in den Saal ein. Der Raum ist groß und gemütlich. Die Decke ist grau. Die Wände sind grün.
- Was gibt es auf dem Fußboden?
- Ein Teppich liegt auf dem Fußboden. Er ist weich. Der Teppich ist purpurrot.
- Was steht auf dem Teppich?
- Es gibt ein Tischlein auf dem Teppich. Es ist aus Glas. Ein interessantes Buch liegt auf dem Tischlein. Es ist grau.
- Wo ist der Sessel?
- Der Sessel steht hinter dem Tischlein. Er ist groß und bequem.
- Gibt es ein Sofa in diesem Raum?
- Ja, ein Sofa steht in der Nähe des Fensters. Eine Katze sitzt auf dem Sofa mit dem Fisch. Kissen liegen auch auf dem Sofa. Sie sind purpurrot. Die Kissen sind weich und bequem.
- Was hängt an der Wand?
- Ein Bild hängt an der Wand.
- Wo ist der Kamin in diesem Raum?

- The fireplace is located under the picture. It is big and beautiful.
- What is there on the mantelpiece?
- There is a photo and a vase on the mantelpiece.
- What is in the vase?
- There are beautiful yellow roses in the vase.
- How many roses are there in the vase?
- There are six roses in the vase.
- Are there more flowers in this room?
- Yes, there are tulips on the windowsill.
- Are there books in this room?
- Yes, there are a lot of books in the bookcase.
- Where is the bookcase?
- It is located near the door.
- What is there in the bookcase?
- There are books and photographs in the bookcase.
Are there books by Shakespeare in the bookcase?
- Yes, they are red.
- How many shelves are there in the bookcase?
- In the bookcase there are four shelves.
- What is there on the ceiling?
- There is a new chandelier on the ceiling.
- Where's the switch?
- The switch is on the wall on the right.
- Are there more lamps in the room?
- There is another lamp near the sofa.
- What color is this lamp?

- Der Kamin ist unter dem Bild. Er ist groß und schön.
- Was gibt es auf dem Sims?
- Es gibt ein Foto und eine Vase auf dem Sims.
- Was gibt es in der Vase?
- Es gibt schöne gelbe Rosen in der Vase.
- Wie viele Rosen gibt es in der Vase?
- Es gibt sechs Rosen in der Vase.
- Gibt es mehr Blumen in diesem Raum?
- Ja, es gibt Tulpen auf der Fensterbank.
- Gibt es Bücher in diesem Raum?
- Ja, es gibt viele Bücher im Bücherschrank.
- Wo ist das Bücherschrank?
- Es steht in der Nähe der Tür.
- Was gibt es in dem Bücherschrank?
- Es gibt Bücher und Fotos im Bücherschrank.
- Gibt es Bücher von Shakespeare im Schrank?
Ja, sie sind rot.
- Wie viele Regale gibt es im Bücherschrank?
- Es gibt vier Regale im Bücherschrank.
- Was gibt es auf der Decke?
- Ein neuer Kronleuchter hängt von der Decke.
- Wo ist der Schalter?
- Der Schalter ist auf der Wand auf der rechten Seite.
- Gibt es mehr Lampen in diesem Raum?
- Es gibt noch eine Lampe neben dem Sofa.
- Welche Farbe hat diese Lampe?

- It is beige.
- Do you have a TV?
- Yes, it is in the corner.
- Is the TV big or small?
- It's big and black.
- Does this radio work?
- Yes, it works.

- Sie ist beige.
- Hast du einen Fernseher?
- Ja, er ist in der Ecke.
- Ist der Fernseher groß oder klein?
- Er ist groß und schwarz.
- Funktioniert dieses Radio?
- Ja, es funktioniert.

4

Break the ice

Brich das Eis

A dad and his little daughter return home from the playground. The daughter wants to go back to the playground and continue playing. She begins to cry.
"What happened?" the mom asks.
"This daddy ... our daddy is torturing children!" the little girl shouts.
"What children?" the mom asks.
"Me!" the daughter responds.

Ein Vater und seine kleine Tochter kehren vom Spielplatz heim. Die Tochter will zurück zum Spielplatz gehen und das Spielen fortsetzen. Sie beginnt zu weinen.
„Was ist passiert?“, fragt die Mutter.
„Dieser Papa… unser Papa foltert Kinder!“, schreit das Mädchen.
„Welche Kinder?“, fragt die Mutter.
„Mich!“, antwortet die Tochter.

The bathroom

Das Badezimmer

Words

basket ['bɑːskɪt] - der Korb
bathroom ['bɑːθruːm] - das Badezimmer, das Bad
bathtub ['bɑːθtʌb] - die Badewanne
brush [brʌʃ] - die Bürste
clean [kliːn] - reinigen, sauber machen
cold [koʊld] - kühl
eat [iːt] - essen
faucet, tap ['fɔːsɪt | tæp] - der Wasserhahn
food [fuːd] - das Essen
hand [hænd] - die Hand
hot [hɔt] - heiß
laundry, underwear, linen ['lɔːndrɪ | 'ʌndəweə | 'lɪnɪn] - die Wäsche, die Unterwäsche
washing ['wɔʃɪŋ] - das Waschen
listen to ['lɪsən tuː] - hören
little rug, mat ['lɪtəl rʌg | mæt] - der Läufer, der Bettvorleger
machine [mə'ʃiːn] - die Maschine
make ['meɪk] - machen
next to, near [nekst tuː | nɪə] - neben
paper ['peɪpə] - das Papier
possible ['pɔsəbəl] - möglich

prepare, to cook [prɪ'peə | tə kʊk] - zubereiten
read [ri:d] - lesen
rest, to relax [rest | tə rɪ'læks] - sich ausruhen, sich erholen
shower ['ʃaʊə] - die Dusche
soap [soʊp] - die Seife
take (a shower, medicine etc.) [teɪk ə 'ʃaʊə | 'medsən et'setrə] - nehmen
talk, to chat ['tɔ:k | tə tʃæt] - sprechen, plaudern
teeth [ti:θ] - die Zähne
toilet, bathroom ['tɔɪlɪt | 'bɑ:θru:m] - die Toilette
tooth [tu:θ] - der Zahn
towel ['taʊəl] - das Handtuch
trash, garbage [træʃ | 'gɑ:bɪdʒ] - der Müll, der Abfall
wash oneself [wɔʃ wʌn'self] - sich waschen
wash, to clean [wɔʃ | tə kli:n] - waschen
washbasin ['wɔʃbeɪsən] - das Waschbecken
with [wɪð] - mit

We proceed to the bathroom. The bathroom is small and bright. The walls in the bathroom are blue. The ceiling is white.
- What is this?
- This is the bathtub.
- Is it plastic or metal?
- The tub is plastic.
- What is there above the bathtub?
- This is a faucet and shower. There is a tap with hot water and a tap with cold water.
- What is hanging on the wall?
- This is a clean towel. It is blue.
- What is lying near the bathtub on the floor?
- A mat is lying near the bathtub.
- What is there on the right?

Wir gehen weiter ins Badezimmer. Das Bad ist klein und hell. Die Wände im Badezimmer sind blau. Die Decke ist weiß.
- Was ist das?
- Das ist die Badewanne.
- Ist sie aus Kunststoff oder aus Metall?
- Die Badewanne ist aus Kunststoff.
- Was gibt es über der Badewanne?
- Das ist der Wasserhahn und die Dusche. Es gibt einen Hahn mit warmem und mit kaltem Wasser.
- Was hängt an der Wand?
- Das ist ein sauberes Handtuch. Es ist blau.
- Was liegt neben der Badewanne auf dem Fußboden?
- Ein Läufer liegt neben der Badewanne.
- Was gibt es rechts?
- Das ist ein Waschbecken. Über dem

- This is a washbasin. There is a mirror hanging over the washbasin. There is also a tap with hot and cold water.
- What is there on the sink?
- On the sink, there are soap and toothbrushes.
- What is near the sink?
- It is a washing machine. It is white. The washing machine is new.
- What is there near the washing machine?
- There is a basket for dirty laundry near the washing machine.
- What is there in the corner?
- There is a trash can in the corner.
- What is behind the wash basin?
- There is a toilet behind the washbasin.
- What is near the toilet bowl?
- This is toilet paper and a toilet brush.
- What can you do in the bathroom?
- In the bathroom you can wash your hands, wash, bath, and brush your teeth.
- What can you do in the kitchen?
- In the kitchen you can cook food and wash dishes.
- What can you do in the dining room?
- In the dining room, you can eat and talk.
- What can you do in the living room?
- In the living room, you can relax, watch TV, listen to the radio, talk, read.

Waschbecken hängt ein Spiegel. Es gibt auch einen Hahn mit warmem und kaltem Wasser.
- Was gibt es auf dem Waschbecken?
- Auf dem Waschbecken gibt es Seife und Zahnbürsten.
- Was gibt es neben dem Waschbecken?
- Das ist eine Waschmaschine. Sie ist weiß. Die Waschmaschine ist neu.
- Was gibt es neben der Waschmaschine?
- Neben der Waschmaschine steht ein Korb mit schmutziger Wäsche.
- Was gibt es in der Ecke?
- In der Ecke steht ein Mülleimer.
- Was gibt es hinter dem Waschbecken?
- Hinter dem Waschbecken gibt es eine Toilette.
- Was gibt es neben der Toilette?
- Das ist Toilettenpapier und eine Toilettenbürste.
- Was kann man im Badezimmer machen?
- Im Badezimmer kann man die Hände waschen, sich waschen, ein Bad nehmen oder die Zähne putzen.
- Was kann man in der Küche machen?
- In der Küche kann man Essen zubereiten und das Geschirr waschen.
- Was kann man im Speisezimmer machen?
- Im Speisezimmer kann man essen und sprechen.
- Was kann man im Wohnzimmer machen?
- Im Wohnzimmer kann man sich erholen, fernsehen, Rundfunk hören, lesen oder sprechen.

5

Break the ice

Brich das Eis

"How many girls are there in your class?" a mom asks her little daughter.
"There are seven girls in the class," the girl answers.
"What about the boys?" the mom asks.
"There is a lot of the boys. But they always run back and forth. It is impossible to count them," the girl answers.

“Wie viele Mädchen sind in deiner Klasse?“, fragt eine Mutter ihre kleine Tochter.
„In meiner Klasse sind sieben Mädchen“, antwortet das Mädchen.
„Was ist mit den Jungen?“, fragt die Mutter.
„Es sind viele Jungen. Aber sie rennen immer hin und her. Es ist unmöglich, sie zu zählen“, antwortet das Mädchen.

Can you speak German or Spanish?

Kannst du Deutsch oder Spanisch sprechen?

Words

a bit, a little [ə bɪt | ə 'lɪtəl] - ein bisschen

after ['ɑːftə] - nach

basketball ['bɑːskɪtbɔːl] - der Basketball

be [bɪ] - sein

be able to, can [bɪ 'eɪbəl tuː | kæn] - können

be necessary, to need to [bɪ 'nesəsərɪ | tə niːd tuː] - brauchen

brother ['brʌðə] - der Bruder

but [bʌt] - aber

cafe ['kæfeɪ] - das Café

call (by phone) [kɔːl baɪ foʊn] - anrufen

call, to name [kɔːl | tə 'neɪm] - rufen, nennen

cinema, movie theater ['sɪnəmə | 'muːvɪ 'θiːətə] - das Kino

clean, to tidy up [kliːn | tə 'taɪdɪ ʌp] - aufräumen

computer [kəm'pjuːtə] - der Computer

English ['ɪŋglɪʃ] - Englisch

French [frentʃ] - Französisch
friend ['frend] - der Freund
get sick ['get sɪk] - krank werden, erkranken
go, to walk [goʊ | tə wɔ:k] - gehen
have to, to be obliged [həv tu: | tə bɪ ə'blaɪdʒd] - sollen
help [help] - helfen
him, his [hɪm | hɪz] - ihn, sein
homeward ['hoʊmwəd] - nach Hause
I ['aɪ] - ich
in the evening [ɪn ðɪ 'i:vənɪŋ] - abends, am Abend
language / tongue ['læŋgwɪdʒ tʌŋ] - die Sprache / die Zunge
maybe ['meɪbi:] - vielleicht
my [maɪ] - mein
notebook, copybook ['noʊtbʊk | 'kɔpɪbʊk] - das Heft
now [naʊ] - jetzt
other ['ʌðə] - andere(r/s)
our(s) ['aʊər 'es] - unser
phone [foʊn] - das Telefon
play ['pleɪ] - spielen
probably ['prɔbəblɪ] - wahrscheinlich
put (down) ['pʊt daʊn] - legen
speak [spi:k] - sprechen
store, shop [stɔ: | ʃɔp] - das Geschäft, der Laden
take [teɪk] - nehmen
teach [ti:tʃ] - lehren, beibringen
today [tə'deɪ] - heute
tomorrow [tə'mɔroʊ] - morgen
tree [tri:] - der Baum
wait [weɪt] - warten
well [wel] - gut
why [waɪ] - warum
work ['wɜ:k] - die Arbeit
work hard ['wɜ:k hɑ:d] - sich bemühen
write ['raɪt] - schreiben
you [jʊ] - du, Sie
your(s) [jər 'es] - dein

B

1

- Can you read in English or in French?
- I can read and write in English and in French.
- Can you speak these languages?
- I can speak a little English. I do not speak French.
- Can you speak German or Spanish?
- Yes, I speak German and Spanish well.

1

- Kannst du Englisch oder Französisch lesen?
- Ich kann beide auf Englisch und auf Französisch lesen und schreiben.
- Kannst du diese Sprachen sprechen?
- Ich spreche ein bisschen Englisch. Ich kann Französisch nicht sprechen.
- Kannst du Deutsch oder Spanisch sprechen?
- Ja, ich spreche Deutsch und Spanisch gut.

- Can you teach me how to speak Spanish?
- Yes, I can. But you have to work.

2

- Can you play basketball?
- No, but I can learn.
- Maybe we'll play tomorrow?
- I can't tomorrow, but today I can.
- Maybe tonight?
- Yes, I can play in the evening. Can you call your friends?
- Yes, I can.

3

- Where is your brother?
- We have to wait for him.
- He probably will not come. Can I go home?
- Yes, you can.

4

- Can I take this book?
- No, you may not take this book.
- Can I take this cup?
- No, you may not take this cup. You can take another cup from the kitchen.
- Where is your friend?
- He's probably outside.

5

- I'll probably go to the movies. Can you come with me?
- No, I can't. I have to do work.
- Maybe you go after work?
- Yes, I can go after work.
- Where is my book?

- Kannst du mich Spanisch lehren?
- Ja, ich kann. Aber du musst dich bemühen.

2

- Kannst du Basketball spielen?
- Nein, aber ich kann es lernen.
- Vielleicht spielen wir morgen?
- Morgen kann ich nicht, aber ich kann heute spielen.
- Vielleicht heute Abend?
- Ja, ich kann am Abend spielen. Kannst du deine Freunde anrufen?
- Ja, ich kann.

3

- Wo ist dein Bruder?
- Wir müssen auf ihn warten.
- Wahrscheinlich wird er nicht kommen. Kann ich nach Hause gehen?
- Ja, du kannst.

4

- Kann ich dieses Buch nehmen?
- Nein, du kannst dieses Buch nicht nehmen.
- Kann ich diese Tasse nehmen?
- Nein, du kannst diese Tasse nicht nehmen. Du kannst eine andere Tasse aus der Küche nehmen.
- Wo ist dein Freund?
- Er ist wahrscheinlich draußen.

5

Ich werde wahrscheinlich ins Kino gehen. Kannst du mitkommen?
- Nein, ich kann nicht. Ich muss arbeiten.
- Vielleicht kannst du nach der Arbeit gehen?
- Ja, ich kann nach der Arbeit gehen.

- It's probably in the bookcase.
- Can I take your pen?
- Yes, you can take a pen from the bookcase.

6

- Can I take this notebook?
- No, you may not take this notebook.
- Can I sit down at the table?
- Yes, you can.
- Can I put my notebook here?
- Yes, you can.
- Can I play on the computer?
- Yes, you can play now.
- I need to make a phone call. Can I take this phone?
- Yes, you can take it.
- Can we go to the cafe?
- No, I have to go to work.

7

- Where is our cat?
- He's probably in the tree.
- Maybe he's in the house?
- No, he is not in the house.

8

- Why did your friend not come?
- He's probably sick.
- You have to clean the living room now.
- Maybe you will help me?
- No, I have to wash the dishes.

9

- Where are the toothbrushes?
- Maybe they are on the washing machine.

- Wo ist mein Buch?
- Es ist wahrscheinlich in dem Bücherschrank.
- Kann ich deinen Kugelschreiber nehmen?
- Ja, du kannst einen Kugelschreiber aus dem Bücherschrank nehmen.

6

- Kann ich dieses Heft nehmen?
- Nein, du kannst dieses Heft nicht nehmen.
- Kann ich mich am Tisch setzen?
- Ja, du kannst.
- Kann ich meinen Heft hier legen?
- Ja, du kannst.
- Kann ich Computer spielen?
- Ja, du kannst jetzt spielen.
- Ich muss jetzt telefonieren. Kann ich dieses Telefon nehmen?
- Ja, du kannst es nehmen.
- Können wir zum Café gehen?
- Nein, ich muss arbeiten gehen.

7

- Wo ist unsere Katze?
- Sie ist wahrscheinlich auf dem Baum.
- Vielleicht ist sie zu Hause?
- Nein, sie ist nicht zu Hause.

8

- Warum ist dein Freund nicht gekommen?
- Er ist wahrscheinlich krank.
- Du musst jetzt das Wohnzimmer aufräumen.
- Vielleicht kannst du mir helfen?
- Nein, ich muss das Geschirr waschen.

9

- Wo sind die Zahnbürsten?
- Vielleicht liegen sie auf der Waschmaschine.

- Where is my red notebook?
- It's probably on the couch.
- Maybe you'll come with me to the store?
- Yes, I can go.

- Wo ist mein rotes Heft?
- Es ist wahrscheinlich auf dem Sofa.
- Vielleicht kannst du mit mir zum Geschäft gehen?
- Ja, ich kann mitgehen.

Break the ice

Brich das Eis

A dad sometimes reads the story of Cinderella to his little daughter. Today he is reading it again.

"I will never have somebody who loves me, Cinderella said and cried sadly," the dad reads aloud. The daughter quickly takes the book from his hands.

"You will! You will!" she says and flips through the book, "the prince will love you!"

Ein Vater liest seiner kleinen Tochter manchmal die Geschichte von Cinderella vor. Heute liest er sie wieder.

„Ich werde niemals jemanden haben, der mich liebt, sagte Cinderella und weinte traurig", liest der Vater laut. Die Tochter nimmt schnell das Buch aus seinen Händen.

„Wirst du! Wirst du!", sagt sie und blättert durch das Buch, „Der Prinz wird dich lieben!"

Can you help me?

Kannst du mir helfen?

Words

about [ə'baʊt] - über
adventure [əd'ventʃə] - das Abenteuer
all [ɔ:l] - alles
but, while, and [bʌt | waɪl | ænd] - aber, doch, und
cat [kæt] - die Katze
clothing, robe ['kloʊðɪŋ | roʊb] - die Kleidung
collection [kə'lekʃən] - die Sammlung
Dad [dæd] - der Papa
detective [dɪ'tektɪv] - der Detektiv
drink [drɪŋk] - trinken
find [faɪnd] - finden
five [faɪv] - fünf
free [fri:] - frei
garage ['gærɑ:ʒ] - die Garage
glasses ['glɑ:sɪz] - die Brille
go [goʊ] - gehen
go/ride away [goʊ raɪd ə'weɪ] - wegfahren
have, to own [hæv | tʊ oʊn] - haben
how many years ['haʊ mənɪ 'jɪəz] - wie viele Jahre

Italian (person) [ɪ'tæljən 'pɜ:sən] - der Italiener
light [laɪt] - das Licht
like, to appeal ['laɪk | tʊ ə'pi:l] - gefallen
little, few ['lɪtəl | fju:] - wenig
live [laɪv] - leben
love ['lʌv] - die Liebe, lieben
man [mæn] - der Mann
milk [mɪlk] - das Milch
Mom [mɔm] - die Mutter, Mama
motorcycle, motorbike ['moʊtəsaɪkəl | 'moʊtəbaɪk] - das Motorrad
my (mine) [maɪ maɪn] - mein
neighbor ['neɪbə] - der Nachbar
not new [nɔt nju:] - nicht neu
number ['nʌmbə] - die Nummer
of course [əv kɔ:s] - natürlich
over, along ['oʊvə | ə'lɔŋ] - über
police [pə'li:s] - die Polizei
ride [raɪd] - fahren
see ['si:] - sehen
sister ['sɪstə] - die Schwester
soccer ['sɔkə] - der Fußball
Spaniard ['spænɪəd] - der Spanier
tea [ti:] - der Tee
telephone ['telɪfoʊn] - das Telefon
then [ðen] - damals, dann
there (place) [ðə 'pleɪs] - dort
time ['taɪm] - die Zeit
tourist ['tʊərɪst] - der Tourist
turn on [tɜ:n ɔn] - einschalten
walk, to go [wɔ:k | tə goʊ] - gehen
who [hu:] - wer
whose [hu:z] - wessen
woman ['wʊmən] - die Frau
write (down) ['raɪt daʊn] - aufschreiben
year ['jɪə] - das Jahr

B

1

- Can I take your notebook?
- Yes, you can. It is on the table. My notebook is blue.
- I cannot find it.
- Maybe my notebook is on the couch.
- Yes, it's on the couch.
- Do you have another pen? I need to write down a phone number.
- My pen is on the table. It's metal.

1

- Kann ich dein Heft nehmen?
- Ja, du kannst. Es ist auf dem Tisch. Mein Heft ist blau.
- Ich kann es nicht finden.
- Vielleicht ist mein Heft auf dem Sofa.
- Ja, es ist auf dem Sofa.
- Hast du noch einen Kugelschreiber? Ich muss eine Telefonnummer aufschreiben.
- Mein Kugelschreiber liegt auf dem Tisch. Er ist aus Metall.

2

- How old is your cat?
- Our cat is five years old.
- What does your cat like to eat?
- Our cat likes to drink milk.
- How old is her cat?
- Her cat is three years old.

3

- Do you have many friends?
- Yes, I have many friends.
- I have no friends in this town.
- Maybe in the evening we will go to the movies with my friends. Can you come with us?
- Yes, I can.
- Will your sister go with us?
- I can call her.
- I'll call you in the evening.
- Do your friends live in this city?
- Yes, all of my friends live in this city.

4

- I have to clean the room. Can you help me?
- No, I need to find my phone.
- Perhaps your phone is in the kitchen.
- Help me find my phone, and I'll help you clean the room.

5

- Do you have any interesting books?
- I have a large collection of books. Many of them are about adventures. There are also books about love.
- Do you have detective books?

2

- Wie alt ist eure Katze?
- Unsere Katze ist fünf Jahre alt.
- Was frißt eure Katze am liebsten?
- Unsere Katze mag Milch trinken.
- Wie alt ist ihre Katze?
- Ihre Katze ist drei Jahre alt.

3

- Hast du viele Freunde?
- Ja, ich habe viele Freunde.
- Ich habe keine Freunde in dieser Stadt.
- Vielleicht werde ich am Abend mit meinen Freunden ins Kino gehen. Kannst du mitkommen?
- Ja, ich kann.
- Kann deine Schwester auch mitkommen?
- Ich kann sie anrufen.
- Ich werde dich am Abend anrufen.
- Wohnen deine Freunde in dieser Stadt?
- Ja, alle meine Freunde wohnen in dieser Stadt.

4

- Ich muss das Zimmer aufräumen. Kannst du mir helfen?
- Nein, ich muss mein Telefon finden.
- Vielleicht ist dein Telefon in der Küche.
- Hilf mir, mein Telefon zu finden und ich werde dir mit dem Saubermachen helfen.

5

- Hast du irgendwelche interessanten Bücher?
- Ich habe eine große Buchsammlung. Viele von ihnen sind über Abenteuer. Es gibt auch Bücher über Liebe.

- A few.
- Can I see them?
- Yes, you can. They are on the bookshelf. On the shelf on the right.
- My mother also has a collection of books.

6

- I need to find Dad's glasses. Where are they?
- Maybe his glasses are on the shelf.
- No, his glasses are not there.
- Then they are in the room on the table.
- I found his glasses.

7

- I have to wash our cups.
- You have to wash the cups now?
- Yes, I have to wash them now.
- Are there clean cups in this room?
- Yes, there are many clean cups on that shelf
- Which cup is mine?
- Your cup is yellow, but mine is blue.

8

- This man is my dad. This is Dad's home.
- Is his house new?
- No, his house is not new.
- Is this your car?
- No, this is a blue car, and our car is red.

9

- This is my mom.
- Is she leaving?

- Hast du Detektivromane?
- Ja, einige.
- Kann ich sie sehen?
- Ja, du kannst. Sie sind im Regal. In dem Regal rechts.
- Meine Mutter hat auch eine Büchersammlung.

6

- Ich muss Papas Brille finden. Wo ist sie?
- Vielleicht ist seine Brille im Regal.
- Nein, seine Brille ist nicht dort.
- Dann ist sie im Zimmer auf dem Tisch.
- Ich habe die Brille gefunden.

7

- Ich muss unsere Tassen waschen.
- Musst du die Tassen jetzt waschen?
- Ja, ich muss sie jetzt waschen.
- Gibt es saubere Tassen in diesem Zimmer?
- Ja, es gibt mehrere saubere Tassen in diesem Regal.
- Welche Tasse ist für mich?
- Deine Tasse ist gelb, aber meine ist blau.

8

- Dieser Mann ist mein Papa. Das ist Papas Haus.
- Ist sein Haus neu?
- Nein, sein Haus ist nicht neu.
- Ist das dein Auto?
- Nein, dass ist ein blaues Auto, und unser Auto ist rot.

9

- Das ist meine Mutter.
- Geht sie weg?

- Yes, she is going to work.
- Is this her car?
- Yes, this is my mother's car. Her car is new.
- Does your dad also have a car?
- Yes, his car is in the garage.

10

- Do you like dogs?
- No, but my mom has a dog.
- This dog is your mother's?
- Yes, it is her dog.

11

- Where is your room?
- My room on the right. It is clean and bright.
- Whose room is on the left?
- This is my mother's room. Her room is big and beautiful.

12

- Is there water in the kettle?
- Yes, there is a little water in the kettle.
- Can I have some tea?
- Yes, of course.

13

- Our cat drank just a little milk.
- I think she was ill.

14

- Are there many Italians and Spaniards in this city?
- Yes, there are a lot of tourists.
- Our city is beautiful.
- I like living here.

- Ja, sie geht arbeiten.
- Ist das ihr Auto?
- Ja, das ist das Auto meiner Mutter. Ihr Auto ist neu.
- Hat dein Papa auch ein Auto?
- Ja, sein Auto steht in der Garage.

10

- Magst du Hunde?
- Nein, aber meine Mutter hat einen Hund.
- Gehört dieser Hund deiner Mutti?
- Ja, das ist ihr Hund.

11

- Wo ist dein Zimmer?
- Mein Zimmer ist rechts. Es ist sauber und hell.
- Wessen Zimmer ist links?
- Das ist das Zimmer meiner Mutter. Ihr Zimmer ist groß und schön.

12

- Gibt es Wasser im Teekessel?
- Ja, es gibt ein wenig Wasser im Teekessel.
- Kann ich ein bisshen Tee bekommen?
- Ja, natürlich.

13

- Unsere Katze hat nur ein wenig Milch getrunken.
- Ich denke dass sie krank war.

14

- Gibt es viele Italiener und Spanier in dieser Stadt?
- Ja, es gibt viele Touristen hier.
- Unsere Stadt ist schön.
- Ich mag es, hier zu leben.

15

- Who's that?
- This is my friend Robert.
- His clothes are old.
- He does not like to shop.

16

- This woman lives in a house across the street?
- Yes, she is our neighbor.
- Is that her motorcycle there?
- Yes, it's her motorcycle.

17

- In this room, there is little light. Can you turn on the light?
- Yes, I can.

18

- Are there many policemen in the city today?
- Yes, today is the football game.
- Maybe we'll go to a football match?
- Yes, I have a lot of free time.

15

- Wer ist das?
- Das ist mein Freund, Robert.
- Er hat alte Kleidung.
- Er mag das Einkaufen nicht.

16

- Wohnt diese Frau in dem Haus gegenüber?
- Ja, sie ist unsere Nachbarin.
- Ist das ihr Motorrad?
- Ja, das ist ihr Motorrad.

17

- Es gibt wenig Licht in diesem Zimmer. Kannst du das Licht einschalten?
- Ja, ich kann.

18

- Gibt es heute viele Polizisten in der Stadt?
- Ja, heute gibt es ein Fußballspiel.
- Vielleicht können wir zum Fußballspiel gehen?
- Ja, ich habe viel Freizeit.

7

Break the ice

Brich das Eis

There are many little children at a birthday party. They all sit at the table. A big cake is on the table. There are chocolate animals on the cake.
"Who wants the zebra?" the mom asks the children.
"Give me the zebra please," a girl says.
"Give me the fish please," another girl says.
"Give me the giraffe please," a boy says.
"Give me a spoon please," another boy says.

Es sind viele kleine Kinder bei einer Geburtstagsparty. Sie alle sitzen am Tisch. Ein großer Kuchen ist auf dem Tisch. Auf dem Kuchen sind Schokoladentiere.
„Wer will das Zebra?", fragt die Mutter die Kinder.
„Gib mir bitte das Zebra", sagt ein Mädchen.
„Gib mir bitte den Fisch", sagt ein weiteres Mädchen.
„Gib mir bitte die Giraffe", sagt ein Junge.
„Gib mir bitte einen Löffel", sagt ein weiterer Junge.

What's your namc?

Wie heißt du?

A

Words

agency ['eɪdʒənsɪ] - die Agentur, das Büro

always ['ɔːlweɪz] - immer

animal ['ænɪməl] - das Tier

any, some ['enɪ | sʌm] - irgendwelcher

automobile, car ['ɔːtəmoʊˌbiːl | kɑː] - das Auto, der Wagen

be born [bɪ bɔːn] - geboren sein

car service [kɑː 'sɜːvɪs] - der Autoservice

child [tʃaɪld] - das Kind

club [klʌb] - der Klub

cold [koʊld] - kalt, kühl

cookie ['kʊkɪ] - der Keks, das Törtchen

country ['kʌntrɪ] - das Land

dish [dɪʃ] - die Speise, das Gericht

doctor, physician ['dɔktə | fɪ'zɪʃən] - der Arzt

eight [eɪt] - acht

eighteen [ˌeɪ'tiːn] - achtzehn

England ['ɪŋglənd] - England

Englishwoman ['ɪŋglɪʃwʊmən] - die Engländerin

excellent ['eksələnt] - herrlich

family ['fæməlɪ] - die Familie

father ['fɑːðə] - der Vater
forty ['fɔːtɪ] - vierzig
Frank [fræŋk] - Frank
from where [frəm weə] - woher
German ['dʒɜːmən] - Deutsch
get acquainted, to learn ['get ə'kweɪntɪd | tə lɜːn] - kennenlernen
Great Britain ['greɪt 'brɪtən] - Großbritannien
guest [gest] - der Gast
hi, hello [haɪ | hə'loʊ] - Hallo
house/home ['haʊs hoʊm] - das Haus
how ['haʊ] - wie
Italy ['ɪtəlɪ] - Italien
know [noʊ] - kennen
life [laɪf] - das Leben
mechanic [mɪ'kænɪk] - der Mechaniker
Naples ['neɪpəlz] - Neapel
national ['næʃnəl] - national
nationality [ˌnæʃə'nælɪtɪ] - die Nationalität
not long ago, recently [nɔt 'lɔŋ ə'goʊ | 'riːsəntlɪ] - letztens, kürzlich
nursery ['nɜːsərɪ] - Kinderkrippe
often ['ɔfən] - oft
older ['oʊldə] - älter
one [wʌn] - ein
parents ['peərənts] - die Eltern
pizza ['piːtsə] - die Pizza
post office [poʊst 'ɔfɪs] - das Postamt
profession [prə'feʃən] - der Beruf, das Fach
professional [prə'feʃnəl] - professionell
real estate [rɪəl ɪ'steɪt] - die Immobilie, das Grundbesitz
renovation, repairs [ˌrenə'veɪʃən | rɪ'peəz] - die Renovierung
ride, to go [raɪd | tə goʊ] - fahren
salmon ['sæmən] - der Lachs
school [skuːl] - die Schule
sell [sel] - verkaufen
soccer ['sɔkə] - der Fußball
soccer player ['sɔkə 'pleɪə] - der Fußballspieler
stamp [stæmp] - die Briefmarke
study, to learn ['stʌdɪ | tə lɜːn] - lernen
thirty ['θɜːtɪ] - dreißig
to [tuː] - zu, nach
travel ['trævəl] - reisen
twelve [twelv] - zwölf
twenty ['twentɪ] - zwanzig
two ['tuː] - zwei
university [ˌjuːnɪ'vɜːsɪtɪ] - die Universität
until, to [ʌn'tɪl | tuː] - bis
us [əz] - uns
vacation [və'keɪʃən] - der Urlaub, die Ferien
very ['verɪ] - sehr
when [wen] - wann, als
whole [hoʊl] - ganze
writer ['raɪtə] - die Schriftstellerin/der Schriftsteller
years ['jɪəz] - Jahre

B

1

- Hi.
- Hi. What's your name?
- My name is Frank. And what's your name?
- My name is Mario.
- How old are you?
- I'm eighteen years old.
- What is your nationality?
- I was born and live in Great Britain. My dad is a Spaniard. My mother is an Englishwoman. And where are you from?
- I'm Italian by nationality. I live in Naples. Do you work or study?
- I am a student at the National University. And what is your profession?
- I am a mechanic by profession. I have my own car service in Italy.
- Do you like England?
- I like this country, but it's cold here. I now travel a lot. Do you like to travel?
- I like to travel, but now I have very little time.
- Could you come visit me with your family?
- I cannot. Now I have to study a lot.

2

- Have you always lived in this house?
- Yes, I've lived here all my life.
- You have a beautiful home!
- Yes, we recently made repairs.

1

- Hallo.
- Hallo. Wie heißt du?
- Ich heiße Frank. Und wie ist deine Name?
- Ich heiße Mario.
- Wie alt bist du?
- Ich bin achtzehn Jahre alt.
- Welcher Nationalität bist du?
- Ich bin in Großbritannien geboren und ich lebe dort. Mein Vater ist Spanier und meine Mutter Engländerin. Und woher bist du?
- Ich bin Italiener. Ich wohne in Neapel. Arbeitest du oder studierst?
- Ich studiere an der Nationalen Universität. Und was bist du von Beruf?
- Ich bin Mechaniker von Beruf. Ich habe einen eigenen Autoservice in Italien.
- Magst du England?
- Ich mag dieses Land, aber es ist kalt hier. Ich reise jetzt viel. Magst du reisen?
- Ich reise gern, aber jetzt habe ich sehr wenig Zeit.
- Könntest du mich mit deiner Familie besuchen?
- Ich kann nicht. Jetzt muss ich viel lernen.

2

- Hast du immer in diesem Haus gewohnt?
- Ja, ich habe mein ganzes Leben lang hier gewohnt.
- Du hast ein schönes Haus!
- Ja, wir hatten kürzlich eine Renovierung.

- You have a lot of beautiful flowers in the garden.
- Yes, my mom likes flowers.

3

- Maybe we can drink tea?
- Yes, let's go to the kitchen.
- Do you have black tea?
- Yes, we have black and green tea.
- What food do you like?
- I like it when my mom prepares dishes with salmon. She also makes good cookies.
- And I really like pizza.
- Can you cook pizza?
- Yes, I can. I like cooking.

4

- Do you have any pets?
- Yes, I have a dog. His name is Johnny.
- How old is he?
- He's six years old.
- I also have a dog in Italy.

5

- Do you know German well?
- Yes, I have learned it with my father. Does everyone speak German in your family?
- Yes, we all speak German.
- Do you know another language?
- I speak a little French.

6

- Is this book on the table yours?
- Yes, this book is mine. These are detective stories by Agatha Christie. Do you like this author?

- Du hast viele schönen Blumen im Garten.
- Ja, meine Mutter mag Blumen.

3

- Vielleicht trinken wir Tee?
- Ja, lass uns in die Küche gehen.
- Hast du schwarzen Tee?
- Ja, wir haben schwarzen und grünen Tee.
- Welches Essen magst du am besten?
- Ich mag es, wenn meine Mutter Speisen mit Lachs zubereitet. Sie macht auch gute Kekse.
- Ich esse Pizza wirklich gern.
- Kannst du Pizza machen?
- Ja, ich kann. Ich mag kochen.

4

- Hast du Haustiere?
- Ja, ich habe einen Hund. Er heißt Johnny.
- Wie alt ist er?
- Er ist sechs Jahre alt.
- Ich habe auch einen Hund in Italien.

5

- Kennst du gut Deutsch?
- Ja, ich habe es mit meinem Vater gelernt. Spricht jeder Deutsch in deiner Familie?
- Ja, wir sprechen alle Deutsch.
- Kennst du auch eine andere Sprache?
- Ich kann ein bisschen Französisch sprechen.

6

- Gehört das Buch auf dem Tisch dir?
- Ja, das ist mein Buch. Das sind Detektiverzählungen von Agatha Christie. Magst du diese Autorin?

- Yes. She writes excellent detective stories.
- Do you like to read?
- Yes. I read a lot.

7

- Do you have a big family?
- Yes, I have a big family. I have a father, mother, two brothers and a little sister.
- How old is your sister?
- She is one year old.
- What's her name?
- Her name is Joe. She still does not know how to walk.
- Where is your sister now?
- She's at the nursery.
- What is your father's profession?
- My dad is a doctor by profession. But now he is not working.
- Why?
- He's on vacation.
- Where does your mom work?
- My mother works in a real estate agency. She sells houses.
- How long has she been working there?
- My mother has been working there for eight years.
- Where did she work before?
- She worked at the post office.
- Is your mother at work now?
- No, she's at the store.
- How old are your parents?
- My mom is thirty-eight years old. My dad is forty-one years old.

- Ja. Sie schreibt tolle Detektivromane.
- Liest du gerne?
- Ja. Ich lese sehr viel.

7

- Hast du eine große Familie?
- Ja, ich habe eine große Familie. Ich habe einen Vater, eine Mutter, zwei Brüder und eine kleine Schwester.
- Wie alt ist deine Schwester?
- Sie ist ein Jahr alt.
- Wie heißt sie?
- Sie heißt Joe. Sie kann noch nicht laufen.
- Wo ist deine Schwester jetzt?
- Sie ist in der Kinderkrippe.
- Was ist dein Vater von Beruf?
- Mein Vater ist Arzt von Beruf. Aber jetzt arbeitet er nicht.
- Warum?
- Er macht jetzt Urlaub.
- Wo arbeitet deine Mutter?
- Meine Mutter arbeitet in einem Immobilienbüro. Sie verkauft Häuser.
- Wie lang arbeitet sie dort?
- Meine Mutter arbeitet dort seit acht Jahren.
- Wo arbeitete sie früher?
- Sie arbeitete in einem Postamt.
- Ist deine Mutter jetzt im Büro?
- Nein, sie ist im Geschäft.
- Wie alt sind deine Eltern?
- Meine Mutter ist achtunddreißig Jahre alt. Mein Vater ist einundvierzig.
- Sind es deine Brüder in diesem Bild?

- Are these your brothers in the photo?
- Yes.
- What are their names?
- This is Philip. He is twelve years old.
- Is he learning?
- Yes, he goes to school.
- Does he learn well?
- Yes, he learns well.
- And who is this?
- This is my older brother John.
- How old is he?
- He is twenty years old.
- Is he working?
- Yes, he is a professional soccer player.
- I like soccer. Which club does he play in?
- He plays in the London club.
- Can I meet him?
- Yes, of course.

8

- Do you have a car?
- Yes, we have a new car.
- What car do you have?
- We have a BMW.
- Do you drive it often?
- Yes, my mother often drives it to work.

- Ja.
- Wie heißen sie?
- Das ist Philip. Er ist zwölf Jahre alt.
- Lernt er in der Schule?
- Ja, er besucht die Schule.
- Lernt er fleissig?
- Ja, er lernt fleissig.
- Und wer ist das?
- Das ist mein älterer Bruder John.
- Wie alt ist er?
- Er ist zwanzig Jahre alt.
- Arbeitet er?
- Ja, er ist ein professioneller Fußballspieler.
- Ich mag Fußball. In welchem Klub spielt er?
- Er spielt im Londoner Klub.
- Kann ich ihn kennenlernen?
- Ja, natürlich.

8

- Hast du ein Auto?
- Ja, wir haben ein neues Auto.
- Was für ein Auto habt ihr?
- Wir haben eine BMW.
- Fährt ihr oft Auto?
- Ja, meine Mutter fährt oft mit dem Auto zur Arbeit.

8

Break the ice

Brich das Eis

"What does 'I doubt it' mean?" a little boy asks his mom.
"It means rather no than yes. But it can mean yes in other situations," the mom explains to her son.
Later the son and the mom have some soup. The boy sits and looks at the window.
"Finish your soup, please," the mom says to him. The son looks at his mom. The mom sees that he is thinking hard.
"I doubt it," he says at last.

„Was bedeutet 'ich bezweifle es'?", fragt ein kleiner Junge seine Mutter.
„Es bedeutet eher nein als ja. Aber es kann in anderen Situationen ja bedeuten", erklärt die Mutter ihrem Sohn.
Später essen der Sohn und die Mutter etwas Suppe. Der Junge sitzt und schaut das Fenster an.
„Iss bitte deine Suppe auf", sagt die Mutter zu ihm. Der Sohn sieht seine Mutter an. Die Mutter sieht, dass er scharf nachdenkt.
„Ich bezweifle es", sagt er schließlich.

The way to university

Der Weg zur Universität

Words

a few, some [ə fjuː | sʌm] - einige
a little piece [ə 'lɪtəl piːs] - ein Stückchen
add [æd] - (hin)zufügen
afterwards, then ['ɑːftəwədz | ðen] - dann
already [ɔːl'redɪ] - schon
among [ə'mʌŋ] - unter
apple ['æpəl] - der Apfel
arrive, get to [ə'raɪv | 'get tuː] - erreichen
back ['bæk] - zurück
baloney, kielbasa, sausage [bə'loʊnɪ | kɪl'bɑːsə | 'sɔsɪdʒ] - die Wurst
bathroom ['bɑːθruːm] - die Toilette
between [bɪ'twiːn] - zwischen
bird [bɜːd] - der Vogel
boil, to brew [bɔɪl | tə bruː] - kochen
bread [bred] - das Brot
bridge [brɪdʒ] - die Brücke
cheese [tʃiːz] - der Käse
cinema, movie theater ['sɪnəmə | 'muːvɪ 'θiːətə] - das Kino
coffee ['kɔfɪ] - der Kaffee
collect, to gather [kə'lekt | tə 'gæðə] - sammeln
cost [kɔst] - kosten
cut [kʌt] - schneiden
cut off [kʌt ɔf] - abschneiden
do (finish) [də 'fɪnɪʃ] - machen, schaffen

Euro ['jʊəroʊ] - der Euro
every ['evrɪ] - jeder
everything ['evrɪθɪŋ] - alles
far (away), at a long distance ['fɑ:r ə'weɪ | ət ə 'lɔŋ 'dɪstəns] - weit
flakes, cereal [fleɪks | 'sɪərɪəl] - die Cerealien
from the beginning [frəm ðə bɪ'gɪnɪŋ] - vom Anfang an
gather together ['gæðə tə'geðə] - sich versammeln
get up ['get ʌp] - aufstehen
go out, get out [goʊ 'aʊt | 'get 'aʊt] - (hin)ausgehen
good [gʊd] - gut
grow [groʊ] - wachsen
have breakfast [həv 'brekfəst] - frühstücken, Frühstück essen
honey ['hʌnɪ] - der Honig
hour ['aʊə] - die Stunde
in order to, so that [ɪn 'ɔ:də tu: | 'soʊ ðæt] - so dass
in the middle [ɪn ðə 'mɪdəl] - in der Mitte
lake [leɪk] - der See
metro, subway ['metroʊ | 'sʌbweɪ] - die U-Bahn
minibus ['mɪnɪbʌs] - der Minibus
minute ['mɪnju:t] - die Minute
morning ['mɔ:nɪŋ] - der Morgen
museum [mju:'zɪəm] - das Museum
necessary ['nesəsərɪ] - nötig
nine [naɪn] - neun
normally, usually ['nɔ:məlɪ | 'ju:ʒəlɪ] - normalerweise
not far [nɔt 'fɑ:] - nicht weit
occupy ['ɔkjʊpaɪ] - (Platz) nehmen
on foot [ɔn fʊt] - zu Fuß
open ['oʊpən] - öffnen, aufmachen
park [pɑ:k] - der Park
passage; fare ['pæsɪdʒ | feə] - die Fahrt
past, near [pɑ:st | nɪə] - vorbei, neben
pay [peɪ] - bezahlen
people ['pi:pəl] - die Leute
place ['pleɪs] - der Ort, der Platz
pour (something fluid) [pɔ: 'sʌmθɪŋ 'flu:ɪd] - gießen
pour (something loose) [pɔ: 'sʌmθɪŋ lu:s] - schütten
pour in [pɔ:r ɪn] - (ein)gießen
purse, bag [pɜ:s | bæg] - die Tasche
put (vertically) ['pʊt 'vɜ:tɪkəlɪ] - stellen, legen
roughly, approximately ['rʌflɪ | ə'prɔksɪmətlɪ] - ungefähr
sandwich ['sænwɪdʒ] das belegte Brot, die Schnitte
seven ['sevən] - sieben
sit down [sɪt daʊn] - sich setzen
sometimes ['sʌmtaɪmz] - manchmal
stand [stænd] - stehen
stop [stɔp] - die Haltestelle
sugar ['ʃʊgə] - der Zucker
supermarket ['su:pəmɑ:kɪt] - der Supermarkt
ten [ten] - zehn
there (direction) [ðə dɪ'rekʃən] - dort(hin)

through / in (time) [θruː ɪn 'taɪm] - durch / in
trolleybus ['trɔlɪbʌs] - der Oberleitungsbus, der Obus
weather ['weðə] - der Wetter
which [wɪtʃ] - welcher
without [wɪð'aʊt] - ohne

B

I get up at seven o'clock in the morning. Then I go to the bathroom. In the bathroom, I wash my face and brush my teeth. It takes me five minutes. Sometimes in the morning I take a shower.
Then I go to the kitchen. In the morning I drink coffee. I pour the water into the teapot. I put the kettle on the stove. I brew some coffee. I pour the coffee into the cup. I drink coffee without sugar. Then I take a bowl. I pour cereal into the bowl. I add milk to it. I add several spoons of sugar or honey. I take an apple and I cut it into the bowl of cereal. I can also make a sandwich. I cut a piece of bread and put some sausage and cheese on the bread. It takes me twenty minutes.
I need to head to university. I go to my room. I gather books and notebooks into a bag. The bag is near the chair. I go outside.
The weather is good outside. I walk down the street. In order to get to

Ich stehe um sieben Uhr morgens auf. Dann gehe ich ins Badezimmer. Ich wasche mein Gesicht und putze die Zähne. Es dauert fünf Minuten. Manchmal dusche ich mich auch am Morgen.
Dann gehe ich in die Küche. Ich trinke Kaffee am Morgen. Ich gieße Wasser in den Kessel und stelle ihn auf den Herd. Ich koche etwas Kaffee. Ich gieße den Kaffee in eine Tasse ein. Ich trinke Kaffee ohne Zucker. Dann nehme ich eine Schüssel. Ich schütte Cerealien in die Schüssel. Ich gebe etwas Milch hinzu. Ich füge noch einige Löffel Zucker oder Honig hinzu. Ich nehme einen Apfel und schneide ihn in die Schüssel mit Cerealien. Ich kann auch ein belegtes Brot machen. Ich Schneide ein Stück Brot und lege etwas Wurst und Käse darauf. Es dauert zwanzig Minuten.
Ich muss zur Universität gehen. Ich gehe in mein Zimmer. Ich sammle Bücher und Hefte in einer Tasche. Ich gehe nach draußen.
Das Wetter draußen ist gut. Ich gehe der Straße entlang. Um die Universität zu erreichen, muss ich O-Bus Nummer Sieben oder Neun nehmen. Ich kann dort auch mit

university, I need trolleybus number seven or nine. I can also get there with minibus number seven or ten. It's not far to walk to the bus stop. It takes me about five minutes. I stand at the bus stop. There are a lot of people at the bus stop. Minibus number seven pulls in. I get on the minibus. Then I pay the fare. The fare is three euros. There is a free seat in the minibus. I sit down. After five stops, I get off the minibus. I come to university. It takes me about twenty minutes.
I leave university at three o'clock. I go back on foot. I walk past some shops. I walk between a museum and a theater. Then I walk over a bridge. The bridge is located above a lake. I walk through a park. I walk among the trees in the park. A large bird sits in a tree. I walk past a car. A cat sits under the car. I walk past a supermarket. My house is not far. It is located behind the supermarket. I come up to my house. Near my house there are many flowers. I go to the door. I open the door and go inside.

Minibus Nummer Sieben oder Zehn fahren. Es ist nicht weit zur Haltestelle. Es dauert ungefähr fünf Minuten. Ich stehe an der Haltestelle. Es gibt viele Leute an der Haltestelle. Minibus Nummer Sieben kommt. Ich steige ein. Dann bezahle ich. Die Fahrt kostet drei Euro. Es gibt einen leeren Platz im Minibus. Ich setze mich. Ich steige nach fünf Haltestellen aus. Ich komme zur Universität. Es dauert ungefähr zwanzig Minuten.
Ich verlasse die Universität um drei Uhr. Ich gehe zurück zu Fuß. Ich gehe an einigen Läden vorbei. Ich gehe zwischen einem Museum und einem Theater. Dann gehe ich über eine Brücke. Die Brücke liegt oberhalb eines Sees. Ich gehe durch einen Park. Ich gehe zwischen den Bäumen im Park. Ein großer Vogel sitzt auf einem Baum. Ich gehe an einem Auto vorbei. Eine Katze sitzt unter dem Auto. Ich gehe an einem Supermarkt vorbei. Mein Haus liegt nicht weit. Es liegt hinter dem Supermarkt. Ich gehe zu meinem Haus. Neben meinem Haus gibt es viele Blumen. Ich gehe zur Tür. Ich mach die Tür auf und gehe hinein.

C

Questions and answers

- What time do you get up?
- I get up at seven in the morning.
- Do you brush your teeth in the morning?
- Yes, I brush my teeth every morning.

Fragen und Antworten

- Wann stehst du auf?
- Ich stehe um sieben Uhr auf.
- Putzest du deine Zähne am Morgen?
- Ja, ich putze meine Zähne jeden Morgen.
- Duschst du dich am Morgen?

- Do you take a shower in the morning?
- Sometimes, I take a shower in the morning.
- Do you drink tea or coffee in the morning?
- I usually drink coffee.
- Do you drink coffee with sugar?
- No, I drink coffee without sugar.
- For how long do you eat breakfast?
- It takes me twenty minutes.
- Do you go to university by subway?
- No, I usually get there by bus.
- Is it a long walk to the stop?
- No, the bus stop is not far.
- How much is the bus fare?
- The fare costs three euros.
- How many stops are there on your way?
- I get off the bus at the fifth stop.
- Does it take you a long time?
- I arrive at the university after about twenty minutes.
- Do you go back by bus too?
- No, I go back on foot.
- Do you always walk on the streets?
- First, I walk down the street past the shops, and then walk through the park.
- Where is your house?
- It is located behind the supermarket.
- Do flowers grow near your house?
- There are many flowers near my house.

- Manchmal dusche ich mich am Morgen.
- Trinkst du Tee oder Kaffee am Morgen?
- In der Regel trinke ich Kaffee.
- Trinkst du Kaffee mit Zucker?
- Nein, ich trinke Kaffee ohne Zucker.
- Wie lange isst du das Frühstück?
- Es dauert zwanzig Minuten.
- Fährst du zur Universität mit der U-Bahn?
- Nein, in der Regel fahre ich mit dem Bus.
- Hast du einen langen Weg zur Haltestelle?
- Nein, die Haltestelle ist nicht weit.
- Wieviel kostet eine Fahrt?
- Die Fahrt kostet drei Euro.
- Wie viele Haltestellen gibt es an deinem Weg?
- Ich steige an der fünften Haltestelle aus.
- Dauert die Fahrt es lange?
- Ich bin an der Universität nach ungefähr zwanzig Minuten.
- Kommst du auch mit dem Bus zurück?
- Nein, zurück gehe ich zu Fuß.
- Gehst du immer den Straßen entlang?
- Zuerst gehe ich der Straße entlang neben den Haltestellen und dann gehe ich durch den Park.
- Wo ist dein Haus?
- Es steht hinter dem Supermarkt.
- Gibt es Blumen neben deinem Haus?
- Ja, es gibt viele Blumen neben meinem Haus.

9

Break the ice

Brich das Eis

A dad and his little son come home from a walk. The mom comes into the room and sees that the son is standing, watching TV with his hands up.
"Why are your hands up?" she asks him.
"It is because of daddy," he answers.
The dad comes into the room.
"I took the sweater off him," he explains, "Dear put your hands down and take a seat on the sofa, please."

Ein Vater und sein kleiner Sohn kommen von einem Spaziergang nach Hause. Die Mutter kommt in das Zimmer und sieht, dass der Sohn dort steht, fernsehend, mit seinen Händen oben.
„Warum sind deine Hände oben?", fragt sie ihn.
„Es ist wegen Papa", antwortet er.
Der Vater kommt ins Zimmer.
„Ich habe ihm den Pullover ausgezogen", erklärt er, „Schatz, nimm deine Hände runter und setz dich aufs Sofa, bitte."

I like going to the movies

Ich gehe gerne ins Kino

A

Words

automobile ['ɔːtəmoʊˌbiːl] - das Auto

boil [bɔɪl] - kochen, sieden

bus [bʌs] - der Bus

buy [baɪ] - kaufen

cake, dessert [keɪk | dɪ'zɜːt] - das Dessert, der Nachtisch

comedy ['kɔmədɪ] - die Komödie

cry [kraɪ] - weinen

dark [dɑːk] - dunkel

discuss [dɪ'skʌs] - besprechen

fifteen [ˌfɪf'tiːn] - fünfzehn

film [fɪlm] - der Film

Friday ['fraɪdeɪ] - der Freitag

friend ['frend] - der Freund/die Freundin

funny ['fʌnɪ] - lustig

further ['fɜːðə] - weiter

game [geɪm] - das Spiel

get dressed ['get drest] - sich ankleiden

get, to reach, to take something out ['get | tə riːtʃ | tə teɪk 'sʌmθɪŋ 'aʊt] - bekommen, nach etwas greifen

hamburger ['hæmbɜːgə] - der Hamburger

have lunch [həv 'lʌntʃ] - zu Mittag essen

ice cream [aɪs kriːm] - das Eis

laugh [lɑːf] - lachen

lunch ['lʌntʃ] - das Mittagsessen

meet [miːt] - treffen

microwave ['maɪkrəweɪv] - die Mikrowelle

order ['ɔːdə] - bestellen

path, way [pɑ:θ | 'weɪ] - der Weg
pay [peɪ] - (be)zahlen
quickly ['kwɪklɪ] - schnell
river ['rɪvə] - der Fluss
road [roʊd] - der Weg
Sarah ['seərə] - Sarah
saucepan ['sɔ:spən] - die Kasserolle, der (Koch)topf
say goodbye ['seɪ ˌgʊd'baɪ] - sich verabschieden
scary ['skeərɪ] - schrecklich, fürchterlich
shore [ʃɔ:] - das Ufer
something ['sʌmθɪŋ] - etwas
soup [su:p] - die Suppe
start [stɑ:t] - anfangen, beginnen
sweet [swi:t] - süß
take a walk [teɪk ə wɔ:k] - spazieren gehen
talk ['tɔ:k] - reden, sich unterhalten
tasty ['teɪstɪ] - lecker
then, later [ðen | 'leɪtə] - dann
thirteen [ˌθɜ:'ti:n] - dreizehn
ticket ['tɪkɪt] - die Fahrkarte
together [tə'geðə] - zusammen, gemeinsam
towards [tə'wɔ:dz] - entgegen
waiter ['weɪtə] - der Kellner
warm (up) [wɔ:m ʌp] - aufwärmen
without speaking, silently [wɪð'aʊt 'spi:kɪŋ | 'saɪləntlɪ] - schweigend

B

I usually come home at three o'clock. I go to my room. I put my bag on the table.
I go to the toilet. Then I go to the bathroom. I wash my hands and my face. Sometimes I might take a shower. Then I go have lunch. For lunch I usually eat soup. I take a pot of soup from the refrigerator. I put the pot on the stove. When the soup is hot, I pour it into a bowl for myself. I take a spoon and eat the soup. Along with the soup, I also eat bread. I go to the kitchen cabinet. Then I take a knife from the kitchen cabinet. I cut a few slices of

In der Regel komme ich nach Hause um drei Uhr. Ich gehe in mein Zimmer. Ich stelle meine Tasche auf den Tisch.
Ich gehe in die Toilette. Dann gehe ich ins Badezimmer. Ich wasche meine Hände und mein Gesicht. Manchmal nehme ich auch eine Dusche. Dann esse ich zu Mittag. In der Regel esse ich zu Mittag eine Suppe. Ich nehme einen Topf Suppe aus dem Kühlschrank. Ich stelle den Topf auf den Herd. Wenn die Suppe schon heiß ist, gieße ich sie in eine Schüssel für mich. Ich nehme einen Löffel und esse die Suppe. Ich esse auch Brot mit der Suppe. Ich gehe zum Küchenschrank. Ich nehme eine Messer aus dem Küchenschrank. Ich schneide einige

bread. Sometimes, I eat pizza. My mom bakes good pizza. I slice a piece of pizza. Then I heat it in the microwave. After lunch, I can eat something sweet. I eat cake. The cake is delicious. I also drink tea with the cake. I put the kettle on the stove. The kettle boils. I brew black tea for myself. I pour some tea and two teaspoons of sugar into a cup. My cat also comes for dinner. I pour him some milk. I go to play on the computer after lunch. The computer is in my room. I have a lot of computer games. I play on the computer for an hour.

I like going to the movies. I go with my friends to the movies every Friday. Today we will go as well. The movie begins in two hours. I go to the bathroom to take a shower. Then I go to my room. I get dressed and go to the movies. I leave the house. There is a red car standing near our house. This is my mom's car. I walk down the street. I pass by the supermarket. I come up to the bus stop. I wait at the bus stop. To get to the theater, I need bus number thirteen. I wait for the bus for five minutes. Bus number thirteen pulls in. I get in the bus. I pay the fare. The bus has a lot of empty seats. I sit by the window. After three stops, I get off the bus. It takes me about fifteen

Scheiben Brot. Manchmal esse ich Pizza. Meine Mutter macht eine gute Pizza. Ich schneide ein Stück Pizza ab. Dann wärme ich es in der Mikrowelle auf. Nach dem Mittagsessen esse ich noch etwas Süßes. Ich esse einen Kuchen. Das Kuchen ist lecker. Ich trinke auch Tee zum Kuchen. Ich stelle den Kessel auf dem Herd. Das Wasser kocht. Ich koche schwarzen Tee für mich. Ich schütte etwas Tee und zwei Löffel Zucker in die Tasse. Meine Katze kommt auch zum Mittagsessen. Ich gebe ihr etwas Milch. Nach dem Mittagsessen gehe ich mit dem Computer spielen. Der Computer ist in meinem Zimmer. Ich habe viele Computerspiele. Ich spiele ungefähr eine Stunde lang.

Ich gehe gerne ins Kino. Ich gehe mit meinen Freunden ins Kino jeden Freitag. Heute gehen wir auch. Der Film fängt in zwei Stunden an. Ich gehe ins Badezimmer, um eine Dusche zu nehmen. Dann gehe ich in mein Zimmer. Ich kleide mich an und gehe ins Kino. Ich verlasse das Haus. Es gibt ein rotes Auto neben dem Haus. Das ist das Auto meiner Mutter. Ich gehe der Straße entlang. Ich gehe an dem Supermarkt vorbei. Ich komme zur Haltestelle. Ich warte an der Haltestelle. Um ins Kino zu fahren, brauche ich Bus Nummer Dreizehn. Ich warte auf den Bus fünf Minuten lang. Bus Nummer Dreizehn kommt. Ich steige ein. Ich zahle für die Fahrkarte. Es gibt viele leere Plätze im Bus. Ich setze mich an das Fenster. Nach drei Haltestellen steige ich aus. Die Fahrt dauert ungefähr fünf Minuten. Ich gehe durch

minutes. I walk through the park. It takes ten minutes to get to the theater. Along the way, I meet my friends Tom and Sarah.
We go inside the cinema. I buy tickets for a very funny comedy. We go into the hall and sit down in our seats. In the hall, there are a lot of people. We laugh the whole time. After the movie, Tom, Sarah and I and go to a cafe. We cross the road. A man with a dog comes towards us. The dog is big and scary. We pass quickly. Then we pass by a museum. Then we go over the bridge. The bridge is over the river. We see the cafe by the river. The cafe doesn't have many people. A waiter approaches us. Sarah orders ice cream. Tom and I each order a hamburger. We discuss thc movie and laugh. It's already dark outside. We leave the cafe. We're going to go home. We say goodbye. Sarah and Tom live nearby. They go home on foot. I walk to the bus stop.

den Park. Es dauert zehn Minuten, das Kino zu erreichen. Auf dem Weg treffe ich meine Freunde, Tom und Sarah.
Wir gehen ins Kino hinein. Ich kaufe Karten für eine sehr lustige Komödie. Wir gehen in den Saal und setzen uns auf unsere Plätze. Im Saal gibt es viele Leute. Wir lachen die ganze Zeit. Nach dem Film gehe ich mit Tom und Sarah in ein Café. Wir überqueren die Straße. Ein Mann mit einem Hund geht in unsere Richtung. Der Hund ist groß und fürchterlich. Wir gehen schnell weiter. Dann gehen wir an einem Museum vorbei. Dann gehen wir über die Brücke. Die Brücke befindet sich über dem Fluss. Wir sehen das Café neben dem Fluss. Es gibt nicht viele Leute im Café. Ein Kellner kommt zu uns. Sarah bestellt Eis. Tom und ich bestellen beide je einen Hamburger. Wir reden über den Film und lachen. Draußen ist es schon dunkel. Wir verlassen das Café. Wir müssen nach Hause gehen. Wir verabschieden uns. Sarah und Tom wohnen in der Nähe. Die gehen zu Fuß nach Hause. Ich gehe zur Bushaltestelle.

C

Questions and answers

- What time do you come from university?
- I come at three o'clock.
- Do you take a shower when you come?
- I take a shower sometimes.

Fragen und Antworten

- Wann kommst du von der Universität zurück?
- Ich komme um drei Uhr nach Hause.
- Nimmst du eine Dusche, als du nach Hause

- What do you do then?
- Then I have lunch.
- What do you eat for lunch?
- I usually eat soup or pizza.
- Do you make the food yourself?
- No, my mother prepares it for me.
- Do you drink tea after lunch?
- Yes, I drink tea with cake.
- What kind of tea do you drink?
- I brew black tea for myself.
- How much sugar do you put in the tea?
- I put in two teaspoons of sugar.
- What do you do then?
- Then I play on the computer.
- Do you like going to the movies?
- Yes, I love going to the movies.
- Do you go to the movies alone?
- No, I go with my friends.
- Do you go to the movies often?
- I go to the movies every Friday.
- What bus do you take to the cinema?
- I go to the cinema on bus number thirteen.
- After how many stops do you get off the bus?
- I get off the bus after three stops.
- How long do you ride the bus?
- It takes me about fifteen minutes.
- For how long do you go through the park to the cinema?
- I walk through the park to the theater for ten minutes.
- Whom do you meet along the way?

kommst?
- Manchmal nehme ich eine Dusche.
- Was machst du später?
- Ich esse zu Mittag.
- Was isst du zu Mittag?
- In der Regel esse ich Suppe oder Pizza.
- Kochst du das Essen selbst?
- Nein, meine Mutter kocht es für mich.
- Trinkst du Tee nach dem Mittagsessen?
- Ja, ich trinke Tee zum Kuchen.
- Welchen Art Tee trinkst du?
- Ich mache schwarzen Tee für mich.
- Wieviel Zucker gibst du zum Tee?
- Ich gebe zwei Löffel Zucker.
- Was machst du später?
- Ich spiele mit dem Computer.
- Gehst du gerne ins Kino?
- Ja, ich gehe sehr gerne ins Kino.
- Gehst zu allein ins Kino?
- Nein, ich gehe mit meinen Freunden.
- Gehst du oft ins Kino?
- Ich gehe ins Kino jeden Freitag.
- Mit welchem Bus fährst du ins Kino?
- Ich fahre mit dem Bus Nummer Dreizehn.
- Nach wie vielen Haltestellen steigst du aus?
- Ich steige nach drei Haltestellen aus.
- Wie lang fährst du mit dem Bus?
- Es dauert ungefähr fünfzehn Minuten.
- Wie lange gehst du durch den Park zum Kino?
- Ich gehe durch den Park ungefähr zehn Minuten lang.

- On the way, I meet my friends Tom and Sarah.
- Who buys the tickets?
- I buy the tickets.
- Do you buy tickets for a comedy or detective movie?
- I buy tickets for a very funny comedy.
- Are there a lot of people in the hall?
- There are a lot of people in the hall.
- During the movie, do you laugh or cry?
- We laugh the whole time.
- After the movie, do you go home?
- Sometimes I walk around or I go to a cafe.
- With whom do you go to the cafe after the movie?
- After the movie, Tom, Sarah and I and go to the cafe.
- Who comes towards you?
- A man with a dog comes towards us.
- Where is the cafe?
- The cafe is located on the bank of the river.
- What do you order?
- Sarah orders ice cream. Tom and I each order a hamburger.
- Do you eat in silence or do you talk?
- We discuss the movie and laugh.
- After the cafe, do you go home together?
- Sarah and Tom go home on foot. I walk to the bus stop.

- Wen triffst du auf dem Weg?
- Ich treffe meine Freunde, Tom und Sarah.
- Wer kauft die Karten?
- Ich kaufe die Karten.
- Kaufst du Karten für eine Komödie oder für einen Kriminalfilm?
- Ich kaufe Karten für eine sehr lustige Komödie.
- Gibt es viele Leute im Saal?
- Es gibt viele Leute im Saal.
- Lacht ihr oder weint während des Filmes?
- Wir lachen die ganze Zeit.
- Gehst du nach Hause nach dem Film?
- Manchmal spaziere ich oder gehe in ein Café.
- Mit wem gehst du nach dem Film ins Café?
- Nach dem Film gehe ich mit Tom und Sarah ins Café.
- Wer geht in eure Richtung?
- Ein Mann mit einem Hund kommt in unsere Richtung.
- Wo ist das Café?
- Das Café liegt auf dem Ufer des Flusses.
- Was bestellt ihr?
- Sarah bestellt Eis und Tom und ich bestellen je einen Hamburger.
- Esst ihr in Stille oder redet ihr?
- Wir reden über den Film und lachen.
- Geht ihr danach gemeinsam nach Hause?
- Sarah und Tom gehen zu Fuß nach Hause. Ich gehe zur Haltestelle.

10

Break the ice

Brich das Eis

The phone rings. The mom answers the phone. Her son is calling.
"Mom! Look out of the window!" her son says, "Can you see somebody in dirty pants running on puddles? It is me! I fell two times already!"

Das Telefon klingelt. Die Mutter geht ans Telefon. Ihr Sohn ruft an.
„Mama! Schau aus dem Fenster!", sagt ihr Sohn, „Kannst du jemanden in schmutzigen Hosen auf Pfützen rennen sehen? Das bin ich! Ich bin schon zweimal gefallen!"

Jack wants to be a lawyer

Jack will Rechtsanwalt werden

Words

agree [ə'gri:] - zustimmen
airplane ['eəpleɪn] - das Flugzeug
airport ['eəpɔ:t] - der Flughafen
alcoholic [ˌælkə'hɔlɪk] - Alkohol-
apartment, flat [ə'pɑ:tmənt | flæt] - die Wohnung
area, site ['eərɪə | saɪt] - die Parzelle
around [ə'raʊnd] - (rund) um
ask [ɑ:sk] - fragen
baggage ['bægɪdʒ] - das Gepäck
bank [bæŋk] - die Bank
bar [bɑ:] - die Bar, die Gaststätte
bring, to carry [brɪŋ | tə 'kærɪ] - hinbringen
burn [bɜ:n] - brennen
buy [baɪ] - kaufen
call [kɔ:l] - rufen
cash [kæʃ] - das Bargeld
cashier, teller [kæ'ʃɪə | 'telə] - der Kassierer
center ['sentə] - das Zentrum
city square ['sɪtɪ skweə] - der Platz
continue [kən'tɪnju:] - weitermachen
data, information ['deɪtə | ˌɪnfə'meɪʃən] - die Angaben
drink [drɪŋk] - das Getränk
drive out [draɪv 'aʊt] - ausfahren
driver ['draɪvə] - der Fahrer
eight hundred [eɪt 'hʌndrəd] - achthundert

exit ['eksɪt] - der Ausgang
flight [flaɪt] - der Flug
fly [flaɪ] - fliegen
fountain ['faʊntɪn] - der Springbrunnen, die Fontäne
get (something) ['get 'sʌmθɪŋ] - bekommen
give [gɪv] - geben
grocery ['groʊsərɪ] - das Lebensmittelgeschäft
half [hɑːf] - die Hälfte
highway ['haɪweɪ] - die Autobahn
hotel [ˌhoʊ'tel] - das Hotel
inexpensive [ˌɪnɪk'spensɪv] - nicht teuer, preisgünstig
information [ˌɪnfə'meɪʃən] - die Auskunft
key [kiː] - der Schlüssel
lawyer ['lɔːjə] - der (Rechts)anwalt
lead, to drive [liːd | tə draɪv] - führen, leiten
living room ['lɪvɪŋ ruːm] - das Wohnzimmer
look (like) [lʊk 'laɪk] - aussehen
map [mæp] - die Landkarte
memorial, monument [mɪ'mɔːrɪəl | 'mɔnjʊmənt] - das Denkmal
money ['mʌnɪ] - das Geld
necessary ['nesəsərɪ] - nötig, notwendig
never ['nevə] - nie(mals)
not big [nɔt bɪg] - nicht groß
passport ['pɑːspɔːt] - der Pass
pick up, to take away [pɪk ʌp | tə teɪk ə'weɪ] - wegnehmen
policeman [pə'liːsmən] - der Polizist
refuse [rɪ'fjuːz] - absagen
restaurant ['restrɔnt] - das Restaurant
show [ʃoʊ] - zeigen
single, with space for one person ['sɪŋgəl | wɪð speɪs fə wʌn 'pɜːsən] - Einpersonen-
sleep [sliːp] - schlafen
sometime, some day ['sʌmtaɪm | səm deɪ] - irgendwann
soon [suːn] - bald
station ['steɪʃən] - die Station, der Bahnhof
suburb ['sʌbɜːb] - der Vorort, die Vorstadt
take photos/pictures [teɪk 'foʊtoʊz 'pɪktʃəz] - fotografieren
tasty ['teɪstɪ] - lecker
taxi ['tæksɪ] - das Taxi
tell [tel] - sagen
thing ['θɪŋ] - das Ding
traffic jam ['træfɪk dʒæm] - der Stau
traffic lights ['træfɪk laɪts] - die Ampel
transport [træns'pɔːt] - der Transport, der Verkehr
wagon, carriage ['wægən | 'kærɪdʒ] - der Wagen
wake up [weɪk ʌp] - aufstehen
where to [weə tuː] - wohin
why [waɪ] - warum
worker ['wɜːkə] - der Arbeiter

B

Today my friend Jack is coming. He should arrive by plane. He will be at the airport at nine in the morning. I have to meet him there. I wake up, get dressed. Then I go to the kitchen for breakfast. I call a taxi. A taxi arrives in fifteen minutes. I get in the car. I go to the airport by taxi. The airport is located in the suburbs. I'm going through the city. There are traffic jams in the city. Driving takes a lot of time. Then I go out of the town. Taxi travels on a highway. It takes an hour to get to the airport. I drive up to the airport. Then I pay the fare to the taxi driver. It's eight thirty. Jack arrives on flight number eight hundred and fifteen. I ask at the information desk, where the exit for flight eight hundred and fifteen is. I'm waiting for Jack's plane. The plane lands. I see Jack. We pick up his luggage. We get in a taxi near the airport. Then we go to a hotel. Jack will stay at a hotel. Jack does not have a lot of money. I know a good and cheap hotel. It is close to my house. We drive up to the hotel. Jack approaches the hotel. He goes up to the hotel staff. Jack wants a single room. A hotel worker asks Jack to give his passport. Jack gives his passport. The desk clerk enters his data into a

Heute kommt mein Freund Jack. Er soll mit dem Flugzeug kommen. Er soll um neun Uhr morgens auf dem Flughafen sein. Ich muss ihn dort treffen. Ich stehe auf, kleide mich an. Dann gehe ich in die Küche, um das Frühstück zu essen. Ich rufe ein Taxi. Das Taxi kommt in fünfzehn Minuten. Ich steige ein. Ich fahre zum Flughafen mit dem Taxi. Der Flughafen befindet sich im Vorort. Ich fahre durch die Stadt. In der Stadt gibt es Stau. Es dauert lang, durch die Stadt zu fahren. Dann verlasse ich die Stadt. Das Taxi fährt auf der Autobahn. Es dauert eine Stunde, den Flughafen zu erreichen. Ich fahre bis zum Flughafen. Dann bezahle ich dem Taxifahrer die Fahrt. Es ist acht Uhr dreißig. Jack kommt mit dem Flug Nummer Achthundertfünfzehn. Ich frage im Auskunftspunkt, wo der Ausgang für den Flug Achthundertfünfzehn ist. Ich warte auf Jacks Flugzeug. Das Flugzeug landet. Ich sehe Jack. Wir sammeln sein Gepäck ein. Neben dem Flughafen nehmen wir ein Taxi. Dann fahren wir ins Hotel. Jack wird im Hotel wohnen. Jack hat nicht so viel Geld. Ich kenne ein gutes und billiges Hotel. Es liegt in der Nähe meines Hauses. Wir fahren bis zum Hotel. Jack geht in die Richtung des Hotels. Er geht zur Rezeption. Jack will ein Einzelzimmer. Ein Hotelangestellte bittet Jack um seinen Pass. Der Hotelangestellte gibt seine Angaben in einen Computer ein. Jack zählt für sein

computer. Jack pays for the room by credit card. A hotel employee leads Jack to his room and gives him the keys. His room is small but cozy. It has a kitchen, bathroom, living room and bedroom. Jack came to the city to study at university. He wants to be a lawyer. Jack asks me to show him the city. I agree. We go out into the street. The weather is good outside. We go to the metro station. Jack has never ridden the subway. A metro ticket costs two euros. Then we get into a subway car. We are going to the city center. The ride there takes us twenty-five minutes. In the center of the city, there is a large square and a monument. The monument is big and beautiful. There are a lot of people around the monument. They are taking photos. There is also a large fountain. A lot of people seat near the fountain. We go farther. I show Jack shops. You can buy everything you need there. There are grocery stores, clothing stores and other shops. Then I lead Jack to his university. We pass by the police station. We need to cross the street. The traffic light is red. We wait. The light turns green. We cross the street. Along the way I show Jack cafes and restaurants where you can eat well. We pass by a bar. There are a lot of alcoholic beverages in the bar.

Zimmer mit der Kreditkarte. Ein Hotelangestellter führt Jack zu seinem Zimmer und gibt ihm die Schlüssel. Sein Zimmer ist klein, aber gemütlich. Es gibt dort eine Küche, ein Bad, ein Wohnzimmer und ein Schlafzimmer.

Jack kam in die Stadt, um an der Universität zu studieren. Er will Rechtsanwalt werden. Jack bittet mich, ihm die Stadt zu zeigen. Ich stimme zu. Wir gehen auf die Straße. Das Wetter draußen ist gut. Wir gehen zur U-Bahn-Station. Jack ist noch nie mit der U-Bahn gefahren. Die Fahrkarte kostet zwei Euro. Wir steigen in den U-Bahn-Wagen ein. Wir fahren ins Zentrum. Die Fahrt dauert fünfundzwanzig Minuten. Im Stadtzentrum gibt es einen großen Platz und ein Denkmal. Das Denkmal ist groß und schön. Es gibt viele Leute rund um das Denkmal. Sie machen Fotos. Es gibt auch einen großen Springbrunnen. Viele Leute sitzen neben dem Springbrunnen. Wir gehen weiter. Ich zeige Jack Geschäfte. Dort kann man alles kaufen, was man braucht. Es gibt Lebensmittelgeschäfte, Kleidergeschäfte und andere Geschäfte. Dann führe ich Jack zur Universität. Wir gehen an dem Polizeirevier vorbei. Wir müssen über die Straße gehen Die Ampel ist rot. Wir warten. Die Ampel wird grün. Wir gehen über die Straße. Auf dem Weg zeige ich Jack Cafés und Restaurants, in denen man gut essen kann. Wir gehen neben einer Bar. Es gibt viele Alkoholgetränke in der Bar.

C

Questions and answers

- Who is coming today?
- Today my friend Jack is arriving.
- What transport is he supposed to arrive on?
- He is supposed to come by airplane.
- At what time is he arriving?
- At nine in the morning he will be at the airport.
- Are you going to meet him?
- Yes, I have to meet him.
- Where do you go for breakfast?
- I go to the kitchen for breakfast.
- Will you go to the airport by bus or will you call a taxi?
- I will call a taxi.
- How soon does the taxi arrive?
- The taxi arrives in fifteen minutes.
- Where is the airport?
- The airport is located in the suburbs.
- Are there traffic jams in the city?
- Yes, there are traffic jams in the city.
- How long does it take to get to the airport?
- It takes an hour to get to the airport.
- Which flight does Jack arrive on?
- Jack arrives on flight eight hundred and fifteen.
- What do you ask at the help desk?
- I ask at the help desk where the exit for flight eight hundred and fifteen will be.

Fragen und Antworten

- Wer kommt heute?
- Mein Freund Jack kommt heute.
- Mit welcher Art Transport soll er kommen?
- Er soll mit dem Flugzeug kommen.
- Wann kommt er?
- Er soll um neun Uhr morgens auf dem Flughafen sein.
- Triffst du ihn dort?
- Ja, ich muss ihn treffen.
- Wohin gehst du, um zu frühstücken?
- Ich gehe in die Küche, um dort Frühstück zu essen.
- Fährst du zum Flughafen mit dem Bus oder wirst du ein Taxi rufen?
- Ich rufe ein Taxi.
- Wie schnell kommt das Taxi?
- Das Taxi kommt in fünfzehn Minuten.
- Wo ist der Flughafen?
- Der Flughafen befindet sich im Vorort.
- Gibt es Stau in der Stadt?
- Ja, es gibt Stau in der Stadt.
- Wie lange dauert es, zum Flughafen zu fahren?
- Es dauert eine Stunde, zum Flughafen zu fahren.
- Mit welchem Flug kommt Jack?
- Jack kommt mit dem Flug Nummer Achthundertfünfzehn.
- Was fragst du am Auskunftspunkt?

- What are you doing at the airport?
- I'm waiting for Jack's plane.
- Do you and Jack go to a cafe?
- No, we pick up his luggage.
- Do you go to a bus stop?
- No, we get in a taxi near the airport.
- Where are you going?
- We're going to a hotel.
- Will Jack stay in a hotel or an apartment?
- Jack will live at a hotel.
- Does Jack have a lot of money?
- No, Jack does not have a lot of money.
- Will you help Jack find a cheap hotel?
- Yes, I know a good and cheap hotel.
- Will you say where it is?
- It is near my house.
- Do you drive up to your house or the hotel?
- We drive up to the hotel.
- Where does Jack go?
- Jack enters the hotel.
- Whom does he approach?
- He approaches a hotel employee.
- What kind of room does Jack want?
- Jack wants a single room.
- What does the hotel worker ask Jack?
- The employee of the hotel asks Jack to give his passport.
- Does Jack give his passport?
- Yes, Jack gives his passport.
- Who puts his data into the computer?
- The desk clerk enters his data into a

- Ich frage, wo sich der Ausgang für Flug Achthundertfünfzehn befindet.
- Was machst du auf dem Flughafen?
- Ich warte auf Jacks Flugzeug.
- Gehst du mit Jack zum Café?
- Nein, wir sammeln sein Gepäck ein.
- Geht ihr zur Bushaltestelle?
- Nein, wir gehen zum Taxi neben dem Flughafen.
- Wohin fahrt ihr?
- Wir fahren ins Hotel.
- Wird Jack in einem Hotel oder in einer Wohnung wohnen?
- Jack wird im Hotel wohnen.
- Hat Jack viel Geld?
- Nein, Jack hat nicht so viel Geld.
- Hilfst du Jack, ein billiges Hotel zu finden?
- Ja, ich kenne ein gutes und billiges Hotel.
- Kannst du sagen, wo es ist?
- Es ist in der Nähe meines Hauses.
- Fahrt ihr zu deinem Haus oder ins Hotel?
- Wir fahren zum Hotel.
- Wohin geht Jack?
- Jack geht in das Hotel hinein.
- Wem nähert sich Jack?
- Jack nähert sich an einen Hotelangestellten.
- Was für ein Zimmer will Jack?
- Jack will ein Einzelzimmer.
- Was fragt der Hotelangestellte Jack?
- Der Angestellte bittet Jack, ihm seinen Pass zu geben.
- Gibt ihm Jack seinen Pass?

computer.
- Does Jack pay for the room in cash?
- No, Jack pays for the room by credit card.
- Does Jack receive the keys from the cashier and then go into the room?
- No, the hotel worker leads Jack to his room and gives him the keys.
- Is his room is big or small?
- His room is small but cozy.
- Is there a kitchen in his room?
- Yes, it has a kitchen, bathroom, living room and bedroom.
- Why did Jack come to the city?
- Jack came to the city to study at university.
- What does he want to become?
- He wants to become a lawyer.
- What does Jack ask you for?
- Jack asks me to show him the city.
- Do you agree or refuse?
- I agree.
- Where do you go?
- We go outside.
- What's the weather like outside?
- Outside the weather is good.
- Where do you go?
- We go to the subway station.
- Has Jack ever ridden a subway?
- Jack has never ridden a subway.
- How much is the fare on the subway?
- The subway fare costs two euros.
- Where are you going?

- Ja, Jack gibt ihm seinen Pass.
- Wer gibt seine Angaben in den Computer ein?
- Der Hotelangestellte gibt seine Angaben in den Computer ein.
- Zählt Jack für das Zimmer mit dem Bargeld?
- Nein, Jack zählt für das Zimmer mit der Kreditkarte.
- Bekommt Jack seine Schlüssel vom Hotelangestellten und geht er dann ins Zimmer?
- Nein, der Hotelangestellte führt Jack zu seinem Zimmer und gibt ihm die Schlüssel.
- Ist sein Zimmer groß oder klein?
- Sein Zimmer ist klein aber gemütlich.
- Gibt es eine Küche in seinem Zimmer?
- Ja, es gibt eine Küche, ein Bad, ein Wohnzimmer und ein Schlafzimmer.
- Warum kommt Jack in die Stadt?
- Jack kommt in die Stadt, um an der Universität zu studieren.
- Wer will er werden?
- Er will Rechtsanwalt werden.
- Warum bittet dich Jack?
- Jack bittet mich, ihm die Stadt zu zeigen.
- Stimmst du zu oder verweigerst du es?
- Ich stimme zu.
- Wohin geht ihr?
- Wir gehen nach draußen.
- Wie ist das Wetter draußen?
- Draußen ist das Wetter gut.
- Wohin geht ihr?

- We're going to the city center.
- How much time does the ride there take?
- The ride there takes us twenty-five minutes.
- What is there in the city center?
- There is a large square and a monument in the center.
- What is the monument like?
- The monument is big and beautiful.
- How many people are there around the monument?
- There are a lot of people around the monument.
- What are they doing?
- They are taking pictures.
- What else is there?
- There is also a large fountain.
- Are there many or few people at the fountain?
- A lot of people are sitting at the fountain.
- What else do you show Jack?
- I show Jack shops.
- Can you buy all necessary things there?
- You can buy everything you need there.
- What kind of shops are there?
- There are grocery stores, clothing stores and other shops.
- Where do you lead Jack?
- I lead Jack to his university.
- What kind of building do you go past?
- We go past a police station.
- Do you need to cross the road?

- Wir gehen zur U-Bahn-Station.
- Ist Jack schon mit der U-Bahn gefahren?
- Jack ist noch nie mit der U-Bahn gefahren.
- Wieviel kostet die Fahrkarte?
- Die Fahrkarte kostet zwei Euro.
- Wohin fahrt ihr?
- Wir fahren ins Zentrum.
- Wie lange dauert die Fahrt?
- Die Fahrt dauert fünfundzwanzig Minuten.
- Was gibt es im Zentrum?
- Im Zentrum gibt es einen großen Platz und ein Denkmal.
- Wie sieht das Denkmal aus?
- Das Denkmal ist groß und schön.
- Wie viele Leute gibt es rund um das Denkmal?
- Es gibt viele Leute rund um das Denkmal.
- Was machen sie?
- Sie machen Fotos.
- Was gibt es dort noch?
- Es gibt einen großen Springbrunnen.
- Gibt es viele Leute am Springbrunnen?
- Viele Leute sitzen am Springbrunnen.
- Was zeigst du Jack noch?
- Ich zeige ihm Geschäfte.
- Kann man dort alle nötigen Dinge kaufen?
- Man kann dort alles kaufen, was man braucht.
- Welche Geschäfte sind es?
- Es sind Lebensmittelgeschäfte, Kleidergeschäfte und andere.
- Wohin führst du Jack?
- Ich führe Jack zu seiner Universität.

- Yes, we need to cross the road.
- What kind of light is lit at the traffic lights?
- There is a red light at the traffic lights.
- Do you walk on a red light or wait for a green light?
- We are waiting for the green light to light up.
- Do you cross the road or continue to stand?
- We cross the road.
- Do you show Jack where you can eat?
- Yes, on the way, I show Jack cafes and restaurants where you can eat.
- What kind of place do you pass?
- We pass a bar.
- Are there many or few alcoholic beverages in the bar?
- There are a lot alcoholic beverages in the bar.

- An welchem Gebäuden gehr ihr vorbei?
- Wir gehen an einem Polizeirevier vorbei.
- Musst ihr über die Straße gehen?
- Ja, wir müssen über die Straße gehen.
- Welche Farbe hat die Ampel?
- Die Ampel ist rot.
- Geht ihr bei dem roten Licht oder wartet ihr auf das grüne Licht?
- Wir warten, bis die Ampel grün wird.
- Geht ihr über die Straße oder bleibt ihr stehen?
- Wir gehen über die Straße.
- Zeigst du Jack, wo man essen kann?
- Ja, auf dem Weg zeige ich Jack Cafés und Restaurants, in denen man essen kann.
- An welchem Ort geht ihr vorbei?
- Wir gehen an einer Bar vorbei.
- Gibt es viele Alkoholgetränke in der Bar?
- Ja, es gibt viele Alkoholgetränke in der Bar.

11

Break the ice

Brich das Eis

Little Robert likes it when his granddad reads him the book about Cinderella. His granddad already knows every word, on every page by heart. Robert asks him to read Cinderella again, however his granddad's glasses are in his car. Luckily, he knows the story very well. So, the granddad takes the book and pretends to "read". He comes to the moment when Cinderella's aunt does the magic.
"The aunt turned an old Ford into a gold cart," the granddad "reads".
Little Robert looks at him attentively.
"Wait granddad," the boy says, "I will bring you your glasses."

Der kleine Robert mag es, wenn sein Opa ihm Bücher über Cinderella vorliest. Sein Opa kennt schon jedes Wort auf jeder Seite auswendig. Robert bittet ihn, wieder Cinderella zu lesen, allerdings ist die Brille seines Opas im Auto. Zum Glück kennt er die Geschichte sehr gut. Also nimmt der Opa das Buch und tut so, als ob er „liest“. Er kommt zu dem Moment, als Cinderellas Tante die Magie ausübt.
„Die Tante verwandelte einen alten Ford in eine goldene Kutsche“, „liest“ der Opa.
Der kleine Robert sieht ihn aufmerksam an.
“Warte Opa”, sagt der Junge, “ich werde dir deine Brille bringen.”

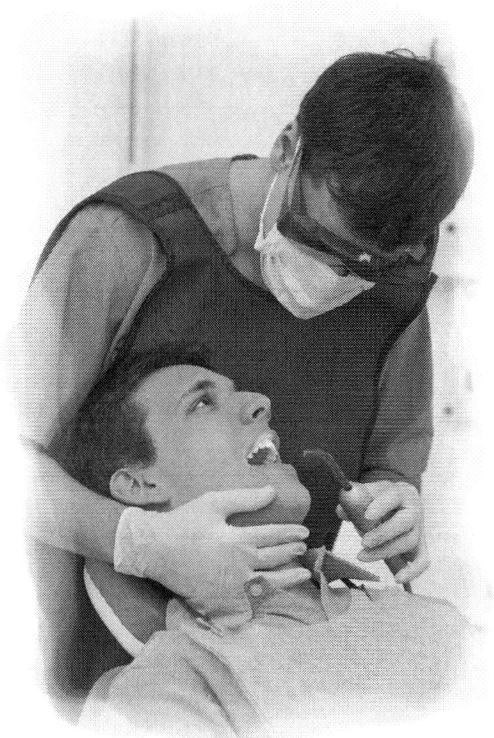

Jack is sick

Jack ist krank

Words

be enough [bɪ ɪ'nʌf] - genug sein
be sick [bɪ sɪk] - krank sein
beach [biːtʃ] - der Strand
because [bɪ'kɔz] - weil
become [bɪ'kʌm] - werden
better ['betə] - besser
clinic ['klɪnɪk] - die Klinik
consultant [kən'sʌltənt] - der Berater
day [deɪ] - der Tag
dentist ['dentɪst] - der Zahnarzt
design [dɪ'zaɪn] - das Design
drugstore ['drʌgstɔː] - die Apotheke
earth, ground, soil [ɜːθ | graʊnd | sɔɪl] - die Erde, der Boden
employment, job [ɪm'plɔɪmənt | dʒɔb] - die Anstellung, die Beschäftigung
expensive [ɪk'spensɪv] - teuer
feel [fiːl] - fühlen
get treated ['get 'triːtɪd] - behandelt werden
give in, return [gɪv ɪn | rɪ'tɜːn] - zurückgeben, abgeben

grab [græb] - greifen
greenery ['gri:nərɪ] - die Grünfläche
here (direction) [hɪə dɪ'rekʃən] - hier(her)
hill, mountain [hɪl | 'maʊntɪn] - der Berg
insurance [ɪn'ʃʊərəns] - die Versicherung
laundromat, launderette ['lɔndrəˌmæt | lɔ:n'dret] - die Selbstbedienungswäscherei
library ['laɪbrərɪ] - die Bibliothek, die Bücherei
move [mu:v] - sich bewegen
nineteen [ˌnaɪn'ti:n] - neunzehn
products, food ['prɔdʌkts | fu:d] - die Lebensmittel
search, to look for [sɜ:tʃ | tə lʊk fɔ:] - suchen
so, because of this ['soʊ | bɪ'kɔz əv ðɪs] - deshalb
student, pupil ['stju:dnt | 'pju:pəl] - der Schüler
suggest, to offer [sə'dʒest | tʊ 'ɔfə] - vorschlagen
suggestion [sə'dʒestʃən] - der Vorschlag
swim [swɪm] - schwimmen
technology [tek'nɔlədʒɪ] - die Technologie
theater ['θi:ətə] - das Theater
time(s) (as in "how many times") ['taɪm] - mal (einmal, zweimal etc.)
tooth [tu:θ] - der Zahn
train [treɪn] - der Zug
treatment ['tri:tmənt] - die Behandlung
tunnel ['tʌnəl] - der Tunnel
university student [ˌju:nɪ'vɜ:sɪtɪ 'stju:dnt] - der Student
value, price ['vælju: | praɪs] - der Preis, die Kosten (pl.)
warm [wɔ:m] - warm
wash, launder [wɔʃ | 'lɔ:ndə] - waschen
week [wi:k] - die Woche

B

Jack is a college student. He is nineteen. He is studying at the University of Technology and Design. He can get to the university by bus or subway. Jack usually goes by subway. The fare is two euros. He rides the subway for about twenty minutes. The subway train moves underground at first, and afterwards, it goes on the bridge over the river.

Jack ist Student. Er ist neunzehn Jahre alt. Er studiert an der Universität für Technologie und Design. Er kann zur Universität mit der U-Bahn oder mit dem Bus kommen. In der Regel wählt er die U-Bahn. Die Fahrkarte kostet zwei Euro. Die Fahrt dauert ungefähr zwanzig Minuten. Der Zug fährt zuerst unter der Erde, dann überquert er den Fluss über eine Brücke.

Jack usually does not prepare food himself. In our city restaurants are expensive, so Jack usually eats in a cafe. He also goes to the supermarket to buy food.
Jack goes to the laundromat to wash his clothes. Jack has no washing machine in his room. He gives dirty clothes to the laundromat.
Jack likes this city. He always wanted to live in a big city. The city is beautiful. It is located on the banks of the river. The city has many places of interest. A lot of tourists come here.
Jack is sick. He has a toothache. He goes to the clinic. Jack goes to the dentist. He has insurance, so he pays half the cost of treatment. After the treatment, Jack gets better. He goes to university and feels good.
Jack walks around the city often. He walks to the park. He likes that there is a lot of greenery in this city. The city is clean. The weather is warm. Jack sometimes goes to the beach at the river. He swims well. He also goes to the movies, museums and theaters with his friends. Jack likes this city. Jack also likes to read. Every week he goes to the library. He likes detective stories. He reads books every day.
Jack does not have enough money. He wants to find a job. He goes to the

In der Regel macht Jack sein Essen nicht selbst. In unserer Stadt sind Restaurants teuer, deshalb isst Jack normalerweise in einem Café. Er geht auch in den Supermarkt, um Lebensmittel zu kaufen.
Jack geht in die Selbstbedienungswäscherei, um seine Kleidung zu waschen. Jack hat keine Waschmaschine in seinem Zimmer. Er gibt schmutzige Kleidung in der Wäscherei ab.
Jack mag die Stadt. Er wollte immer in einer Großstadt wohnen. Die Stadt ist schön. Sie liegt am Ufer eines Flusses. Die Stadt hat viele interessanten Orte. Viele Touristen kommen hierher.
Jack ist krank. Er hat Zahnschmerzen. Er geht in die Klinik. Jack geht zum Zahnarzt. Er hat eine Versicherung, deshalb bezahlt er nur die Hälfte der Kosten. Nach der Behandlung fühlt sich Jack besser. Er geht zur Universität und fühlt sich gut.
Jack spaziert oft durch die Stadt. Er geht in den Park. Er mag es, dass es in der Stadt viele Grünflächen gibt. Die Stadt ist sauber. Das Wetter ist warm. Manchmal geht Jack zum Strand am Fluss. Er schwimmt gut. Er geht auch ins Kino, zu Museen und in den Theater mit seinen Freunden. Jack mag diese Stadt. Er mag es auch zu lesen. Jede Woche geht er in die Bibliothek. Er mag Kriminalromane. Er liest jeden Tag durch.
Jack hat nicht genug Geld. Er will eine Anstellung finden. Er geht zum Arbeitsamt.

employment center. He wants to work three times a week. He is offered a job as a supermarket consultant. Jack agrees.

Er will dreimal pro Woche arbeiten. Er bekommt einen Vorschlag, als Berater in einem Supermarkt zu arbeiten. Jack nimmt die Arbeit an.

C

Questions and answers

- Is Jack a high school or college student?
- Jack is a college student.
- How old is he?
- He is nineteen years old.
- Where does he study?
- He studies at the University of Technology and Design.
- How does he get to the university?
- He can get to the university by bus or subway. Jack usually goes by subway.
- What is the cost of travel on the subway?
- The fare is two euros.
- For how long does he ride on the subway?
- He rides the subway for about twenty minutes.
- Does the subway train ride the whole time in the tunnel underground?
- The subway train moves at first underground, then across the bridge over the river.
- Does Jack cook food for himself?
- No, Jack usually does not prepare food himself.

Fragen und Antworten

- Ist Jack ein Schüler oder ein Student?
- Er ist Student.
- Wie alt ist er?
- Er ist neunzehn Jahre alt.
- Wo studiert er?
- Er studiert an der Universität für Technologie und Design.
- Wie kommt er zur Universität?
- Er kann mit dem Bus oder mit der U-Bahn zur Universität fahren. In der Regel fährt er mit der U-Bahn.
- Wieviel kostet eine Fahrkarte für die U-Bahn?
- Die Karte kostet zwei Euro.
- Wie lang fährt er mit der U-Bahn?
- Die Fahrt dauert ungefähr zwanzig Minuten.
- Fährt der Zug die ganze Zeit durch den Tunnel?
- Er fährt zuerst unter der Erde, dann überquert er den Fluss über eine Brücke.
- Kocht sich Jack das Essen selbst?
- Nein, in der Regel macht er das Essen nicht selbst.
- Wo isst Jack in der Regel?

- Where does Jack usually eat?
- Jack usually eats in a café.
- Why does Jack not eat in a restaurant?
- Because in our city restaurants are expensive.
- Does he buy food at the supermarket?
- Yes, he also goes to the supermarket to buy food.
- Where does Jack wash his clothes?
- Jack washes his clothes in the laundromat.
- Does Jack like this city?
- Yes, Jack always wanted to live in a big city.
- Is the city located in the mountains or by the river?
- The city is located on the banks of the river.
- Are there tourists in the city?
- Yes, a lot of tourists come here.
- Why is Jack sick?
- He has a toothache.
- Does he go to the pharmacy or clinic?
- He goes to the clinic. Jack goes to the doctor.
- Which doctor does Jack go to?
- Jack goes to the dentist.
- Is it expensive for Jack to be treated by the dentist?
- He has insurance, so he pays half the cost of treatment.
- How does Jack feel after the treatment?
- Jack gets better. He goes to university

- In der Regel isst Jack in einem Café.
- Warum isst Jack nicht in einem Restaurant?
- Weil Restaurants in unserer Stadt teuer sind.
- Kauft Jack auch Lebensmittel in einem Supermarkt?
- Ja, er geht auch in den Supermarkt, um Lebensmittel zu kaufen.
- Wo wäscht Jack seine Kleidung?
- Jack wäscht seine Kleidung in der Selbstbedienungswäscherei.
- Mag Jack die Stadt?
- Ja, Jack wollte immer in einer Großstadt wohnen.
- Liegt die Stadt im Gebirge oder an einem Fluss?
- Die Stadt liegt am Ufer eines Flusses.
- Gibt es Touristen in der Stadt?
- Ja, es gibt viele Touristen hier.
- Warum ist Jack krank?
- Er hat Zahnschmerzen.
- Geht er in die Apotheke oder in die Klinik?
- Er geht in die Klinik. Er geht zu einem Arzt.
- Zu welchem Arzt geht Jack?
- Jack geht zu einem Zahnarzt.
- Kostet die Behandlung beim Zahnarzt viel?
- Jack hat eine Versicherung, deshalb bezahlt er nur die Hälfte der Kosten.
- Wie fühlt sich Jack nach der Behandlung?
- Jack fühlt sich besser. Er fährt zur Universität und fühlt sich besser.
- Mag es Jack, durch die Stadt zu spazieren?
- Ja, Jack spaziert sehr oft durch die Stadt.

and feels good.
- Does Jack like to walk around the city?
- Yes, Jack walks around the city often.
- Where does Jack walk?
- He walks in the park. He likes that in this city there is a lot of greenery.
- Does Jack swim?
- Yes, Jack swims well. He sometimes goes to the beach at the river.
- Where does Jack go with his friends?
- He goes to the movies, museums and theaters.
- How often does Jack go to the library?
- Jack goes to the library every week.
- What kind of books does he like?
- He likes detective stories. He reads books every day.
- Does Jack have a lot of money?
- No, Jack does not have enough money.
- Where does Jack look for a job?
- He goes to the employment center.
- How many days a week can Jack work?
- He wants to work three times a week.
- What kind of job he is offered?
- He was offered a job as a supermarket consultant.
- Does Jack accept the offer or refuse?
- Jack agrees.

- Wohin geht Jack?
- Jack geht in den Park. Er mag es, dass es in der Stadt viele Grünflächen gibt.
- Kann Jack schwimmen?
- Ja, Jack schwimmt gut. Manchmal geht er zum Strand am Fluss.
- Wohin geht Jack mit seinen Freunden?
- Er geht ins Kino, zu Museen und in das Theater.
- Wie oft geht Jack in die Bibliothek?
- Jack geht jede Woche in die Bibliothek.
- Welche Bücher mag er?
- Er mag Kriminalromane. Er liest jeden Tag Bücher.
- Hat Jack viel Geld?
- Nein, er hat nicht genug Geld.
- Wo sucht Jack eine Arbeit?
- Er geht zum Arbeitsamt.
- Wie viele Tage pro Woche kann Jack arbeiten?
- Er will dreimal pro Woche arbeiten.
- Was für einen Arbeitsvorschlag bekommt er?
- Er bekommt einen Vorschlag, als Berater im Supermarkt zu arbeiten.
- Nimmt er den Vorschlag an oder lehnt er ihn ab?
- Er nimmt den Vorschlag an.

12

Break the ice

Brich das Eis

It is winter. It is snowy and slippery outside. The dad comes home from work.

"The weather is terrible! It is very slippery. I fell two times," he says to the mom. His pants have several wet spots. The dad is unhappy. At this moment the little son comes home from school.

"It is so cool outside!" the son cries happily. "It is very slippery. I fell two times!" The son is very happy.

Es ist Winter. Draußen ist es verschneit und rutschig. Der Vater kommt von der Arbeit nach Hause.

„Das Wetter ist schrecklich! Es ist sehr rutschig. Ich bin zweimal gestürzt", sagt er zu der Mutter. Seine Hose hat mehrere nasse Flecken. Der Vater ist unglücklich. In diesem Moment kommt der kleine Sohn von der Schule nach Hause.

„Es ist so toll draußen!" schreit der Sohn glücklich. „Es ist sehr rutschig. Ich bin zweimal gestürzt!" Der Sohn ist sehr glücklich.

Jack wants to find a new apartment

Jack will eine neue Wohnung finden

Words

accommodation, apartment [əˌkɔmə'deɪʃən | ə'pɑːtmənt] - die Unterkunft, die Wohnung
accompany [ə'kʌmpənɪ] - begleiten
address [ə'dres] - die Adresse
agent ['eɪdʒənt] - der Vertreter, der Agent
along [ə'lɔŋ] - entlang
announcement, ad [ə'naʊnsmənt | æd] - die Anzeige
answer ['ɑːnsə] - antworten
approach [ə'proʊtʃ] - herangehen, sich nähern
arrange, to make an appointment [ə'reɪndʒ | tə 'meɪk ən ə'pɔɪntmənt] - sich verabreden
bank [bæŋk] - die Bank
bed [bed] - das Bett
bell, ring [bel | rɪŋ] - die Klingel
book [bʊk] - das Buch
bright [braɪt] - hell
calm(ly) [kɑːm 'laɪ] - ruhig
central ['sentrəl] - zentral
child [tʃaɪld] - das Kind
choose [tʃuːz] - wählen
decide [dɪ'saɪd] - entscheiden

decision [dɪ'sɪʒən] - der Entschluss, die Entscheidung
direction [dɪ'rekʃən] - die Richtung
elevator ['elɪveɪtə] - der Aufzug
enter into a contract ['entər 'ɪntə ə 'kɔntrækt] - einen Vertrag schließen
explain [ɪk'spleɪn] - erklären
find [faɪnd] - finden
first ['fɜ:st] - erster
floor, storey [flɔ: | 'stɔ:rɪ] - die Etage
furniture ['fɜ:nɪtʃə] - die Möbel
go up, to ascend, to rise [goʊ ʌp | tʊ ə'send | tə raɪz] - steigen
high [haɪ] - hoch
indicate ['ɪndɪkeɪt] - anzeigen, andeuten
indicated ['ɪndɪkeɪtɪd] - angezeigt
inside [ɪn'saɪd] - innen, drinnen
invite [ɪn'vaɪt] - einladen
kiosk ['ki:ɔsk] - der Kiosk
knock [nɔk] - klopfen
laptop ['læptɔp] - der Laptop
leather ['leðə] - das Leder
like this, so ['laɪk ðɪs | 'soʊ] - so
long, for a long time ['lɔŋ | fər ə 'lɔŋ 'taɪm] - lange
meet [mi:t] - treffen
month [mʌnθ] - der Monat
move (to change address) [mu:v tə tʃeɪndʒ ə'dres] - umziehen
newspaper ['nju:speɪpə] - die Zeitung
noisily ['nɔɪzɪlɪ] - laut
noisy ['nɔɪzɪ] - laut
not tall [nɔt tɔ:l] - nicht groß
outside [ˌaʊt'saɪd] - draußen
owner ['oʊnə] - der Wirt
period ['pɪərɪəd] - die Periode
price [praɪs] - der Preis
quiet ['kwaɪət] - still
quietly ['kwaɪətlɪ] - still, leise
refuse [rɪ'fju:z] - ablehnen
return [rɪ'tɜ:n] - zurückkehren
right away [raɪt ə'weɪ] - sofort, auf der Stelle
Saturday ['sætədeɪ] - der Samstag
second ['sekənd] - zweiter
sidewalk ['saɪdwɔ:k] - der Bürgersteig, der Fußweg
someone ['sʌmwʌn] - jemand
spend (time) [spend 'taɪm] - verbringen (Zeit)
staircase ['steəkeɪs] das Treppenhaus
suitable, fitting ['su:təbəl | 'fɪtɪŋ] - geeignet, passend
tell [tel] - sagen
that [ðæt] - jene(r/s)
think ['θɪŋk] - denken
third ['θɜ:d] - dritter
three hundred [θri: 'hʌndrəd] - dreihundert

B

Today is Saturday. Living in a hotel for a long time is expensive. Jack wants to find an apartment to live in. He buys a newspaper at a kiosk. There are many ads in the newspaper. Jack walks into a cafe and sits down at a table. He orders some coffee. He is sitting in a cafe and looks at the newspaper. He finds a few suitable apartments in the newspaper. Their prices are low. Jack also wants the apartment to be near his university. He chooses three apartments for himself. Jack wants to see them today. He calls the phone numbers listed in the ads. The first number does not answer. Then he calls another number. A woman responds. Her name is Charlotte. She is a real estate agent. He arranges to meet her. Jack likes it that the house is in the center of the city. He gets on the bus and goes to the house. When Jack arrives, he sees a tall house. It is located in the central square. There are a lot of cars and people. Jack did not like the fact that it is so noisy there. He also did not like the house from the outside. It looks old. Jack enters the house. The apartment is on the second floor. He knocks on the door. A woman opens the door. It is Charlotte. She invites Jack to see the apartment. He comes in. The apartment is spacious, but old. There

Heute ist Samstag. Es ist teuer, lange in einem Hotel zu bleiben. Jack will eine neue Wohnung finden. Er kauft eine Zeitung am Kiosk. In der Zeitung gibt es viele Anzeigen. Jack geht in ein Café und setzt sich an einen Tisch. Er bestellt Kaffee. Er sitzt im Café und liest die Zeitung. Er findet einige passenden Wohnungen in der Zeitung. Ihre Preise sind niedrig. Jack will auch, dass sich die Wohnung in der Nähe der Universität befindet. Er wählt drei Wohnungen. Jack will sie noch heute sehen. Er ruft die Telefonnummer an, die in den Anzeigen angegeben sind. Die erste Nummer antwortet nicht. Dann ruft er die zweite Nummer. Eine Frau antwortet. Sie heißt Charlotte. Sie ist eine Immobilienagentin. Er verabredet sich mit ihr. Jack findet es gut, dass die Wohnung sich im Zentrum der Stadt befindet. Er steigt in einen Bus ein und fährt zu diesem Haus. Als Jack ankommt, sieht er ein hohes Haus. Es befindet sich am Zentralplatz. Es gibt viele Leute und Autos. Jack findet es nicht gut, dass es hier so laut ist. Das Haus gefällt ihm auch von außen nicht so gut. Es sieht alt aus. Jack geht hinein. Die Wohnung befindet sich in der zweiten Etage. Er klopft an die Tür. Eine Frau öffnet die Tür. Das ist Charlotte. Sie lädt Jack ein, sich die Wohnung anzusehen. Er kommt hinein. Die Wohnung ist

are large windows. They are wooden. The living room has a large TV and a sofa. Jack goes into the bedroom. It has a large bed. In the corner of the room there is a table. Jack did not like the fact that the apartment is dark and has little furniture. It looks empty. Jack tells Charlotte that wants to see another apartment today and decide. Charlotte asks Jack to call in the evening and announce his decision. Jack leaves the house. He calls one more number. A man rents out an apartment nearby. The man's name is Mike. He explains how to get to the house. Jack knows this place. He goes to the subway station. This apartment is located near a park. Jack goes into a subway car. He rides the subway for about ten minutes. He gets out of the subway and walks on the sidewalk along the road. He cannot find the house, but he has the address. He goes to a woman with a child. He asks her how to get to the house. The woman knows this house. She lives there. She points out to Jack the direction in which to go. The house is located near the bank. Jack comes to the house. He really likes that the house is located next to the park. It is quiet and peaceful around the house. Near the house, there is a garden. There are many flowers there. Mike's apartment is on the third floor. Jack goes into the elevator. He goes to the third floor. Jack

geräumig, aber alt. Es gibt große Fenster. Sie sind hölzern. Im Wohnzimmer gibt es einen großen Fernseher und ein Sofa. Jack geht in das Schlafzimmer hinein. Es hat ein großes Bett. In der Ecke des Zimmers gibt es einen Tisch. Jack mag es nicht, dass die Wohnung dunkel ist und wenige Möbel hat. Sie sieht leer aus. Jack sagt Charlotte, dass er heute noch eine Wohnung ansehen will und dann entscheiden. Charlotte bittet ihn, am Abend anzurufen und ihr die Entscheidung mitzuteilen. Jack verlässt das Haus. Er ruft noch eine Nummer an. Ein Mann vermietet eine Wohnung in der Nähe. Er heißt Mike. Er erklärt, wie man sein Haus findet. Jack kennt dieses Ort. Er geht zur U-Bahn-Station. Die Wohnung befindet sich neben einem Park. Jack steigt in den Wagen ein. Die Fahrt dauert ungefähr zehn Minuten. Er geht draußen und dann auf den Bürgersteig dem Weg entlang. Er kann das Haus nicht finden, aber er hat die Adresse. Er geht zu einer Frau mit einem Kind. Er fragt, wie man das Haus finden kann. Die Frau kennt das Haus. Sie wohnt dort. Sie zeigt Jack die Richtung, die er wählen soll. Das Haus befindet sich neben einer Bank. Jack geht hinein. Es gefällt ihm sehr, dass sich das Haus neben einem Park befindet. Es ist still und ruhig rund um das Haus. Neben dem Haus gibt es einen Garten. Es gibt dort viele Blumen. Mikes Wohnung ist in der dritten Etage. Jack geht zum Aufzug. Er fährt auf die

comes out of the elevator. He rings the bell. A man opens the door. This is Mike. He accompanies Jack inside.
It is bright and comfortable inside. There is new furniture in the apartment. The room has a large-screen TV. It is new. In the corner of the room, there is a bed. Jack sees a bookshelf in the room. There are a lot of books in the bookshelf. In the middle of the room, there is a table. There is a big armchair next to the table. It's made of leather. Jack thinks about putting his laptop there. He likes the house. He tells Mike that he wants to live in this house. He will pay Mike three hundred euros per month. They enter into a contract. Jack has to pay for two months straight. He carries all his belongings out of the hotel on the same day.

dritte Etage. Jack geht aus dem Aufzug hinaus. Er benutzt die Klingel. Ein Mann öffnet die Tür. Das ist Mike. Er begleitet Jack in die Wohnung.
Drinnen ist es hell und bequem. Es gibt neue Möbel in der Wohnung. Im Zimmer gibt es einen Großbildfernseher. Er ist neu. In der Zimmerecke gibt ein Bett. Im Zimmer sieht Jack ein Bücherregal. Es gibt viele Bücher im Bücherregal. In der Mitte des Zimmers gibt es einen Tisch. Neben dem Tisch gibt es einen Sessel. Er ist ledern. Jack denkt daran, seinen Laptop dorthin zu stellen. Das Haus gefällt ihm. Er sagt Mike, dass er hier wohnen will. Er soll Mike dreihundert Euro pro Monat bezahlen. Sie schließen einen Vertrag. Jack muss für zwei Monaten sofort bezahlen. Er bringt am selben Tag alle seinen Sachen aus dem Hotel.

Questions and answers

- What day is it today?
- Today is Saturday.
- Why does Jack want to find an apartment to live in?
- Because living in a hotel for a long time is expensive.
- What does Jack buy at a kiosk?
- At a kiosk, Jack buys a newspaper with classified ads.
- Does Jack return to the hotel, or go to a

Fragen und Antworten

- Was für ein Tag ist heute?
- Es ist Samstag.
- Warum will Jack eine Wohnung finden?
-Weil es teuer ist, eine lange Zeit im Hotel zu bleiben.
- Was kauft Jack am Kiosk?
- Am Kiosk kauft Jack eine Zeitung mit Anzeigen.
- Geht Jack zurück zum Hotel oder in ein Café?

cafe?
- Jack walks into a cafe and sits down at the table.
- Does he order an ice cream or coffee?
- He orders some coffee.
- What does Jack do in the cafe?
- He's sitting and reading the newspaper.
- Does he find ads for inexpensive apartments?
- Yes, he finds ads for a few suitable apartments in the newspaper.
- Where must the apartment be?
- Jack wants the apartment to be near his university.
- Does Jack choose an apartment?
- Yes, he chooses three apartments and wants to see them today.
- With whom does Jack arrange to meet?
- A real estate agent. Her name is Charlotte.
- Why does Jack choose this house?
- Jack likes it that the house is in the center of the city.
- Does Jack go to the house on foot or by bus?
- He gets on the bus and rides to the house.
- Where is the house?
- It is located in the central square.
- Is the house located in a quiet or noisy place?
- There are a lot of cars and people. Jack does not like the fact that it is so noisy there.

- Jack geht in ein Café und setzt sich an den Tisch.
- Bestellt er Eis oder Kaffee?
- Er bestellt Kaffee.
- Was macht Jack im Café?
- Er sitzt und liest die Zeitung.
- Findet er Anzeigen für billige Wohnungen?
- Ja, er findet Anzeigen für einige passenden Wohnungen in der Zeitung.
- Wo soll sich die Wohnung befinden?
- Jack will eine Wohnung in der Nähe seiner Universität finden.
- Wählt Jack eine Wohnung?
- Ja, er wählt drei Wohnungen und will sie heute ansehen.
- Mit wem verabredet sich Jack?
- Mit einer Immobilienagentin. Sie heißt Charlotte.
- Warum wählt Jack diese Wohnung?
- Es gefällt ihm, dass sich die Wohnung im Stadtzentrum befindet.
- Kommt Jack zu diesem Haus zu Fuß oder mit dem Bus?
- Jack steigt in den Bus ein und fährt zu diesem Haus.
- Wo ist das Haus?
- Es befindet sich am Zentralplatz.
- Liegt das Haus in einem ruhigen oder lauten Ort?
- Es gibt viele Autos und Leute. Jack mag es nicht, dass es hier so laut ist.
- Gefiel ihm das Haus?

- Did Jack like the house?
- No, he does not like the house from the outside. It looks old.
- On what floor is the apartment?
- The apartment is on the second floor.
- Who opens the door?
- Charlotte opens the door.
- Is the apartment new or old?
- The apartment is spacious, but old.
- Are the windows in the apartment small or large?
- The windows are large. They are wooden.
- What is there in the living room?
- The living room has a large TV and a sofa.
- Is the bed in the bedroom big?
- Yes, the bedroom has a large bed.
- Is there a table in the room?
- The table is in the corner of the room.
- Does Jack like the apartment?
- No, not much. The apartment is dark and there is little furniture.
- Does Jack reject this apartment?
- No, he tells Charlotte that he wants to see another apartment today and decide.
- Does Jack look at more apartments?
- Yes, he calls one more number.
- What is the name of the landlord?
- The man is named Mike.
- Does Jack know how to get to the house?
- Yes, he goes to the metro station. This apartment is located near the park.
- How long does Jack ride the subway?

- Nein, von außen gefällt ihm das Haus nicht. Es sieht alt aus.
- In welcher Etage liegt die Wohnung?
- Die Wohnung liegt in der zweiten Etage.
- Wer öffnet die Tür?
- Charlotte öffnet die Tür.
- Ist die Wohnung neu oder alt?
- Die Wohnung ist geräumig, aber alt.
- Sind die Fenster in der Wohnung klein oder groß?
- Die Fenster sind groß. Sie sind hölzern.
- Was gibt es im Wohnzimmer?
- Das Wohnzimmer hat einen großen Fernseher und ein Sofa.
- Ist das Bett im Schlafzimmer groß?
- Ja, das Schlafzimmer hat ein großes Bett.
- Gibt es einen Tisch im Zimmer?
- Ja, ein Tisch ist in der Ecke.
- Gefällt Jack die Wohnung?
- Nicht sehr. Die Wohnung ist dunkel und es gibt wenige Möbel.
- Lehnt Jack die Wohnung ab?
- Nein, er sagt Charlotte, dass er noch eine Wohnung heute ansehen will und sich dann entschließen.
- Besucht Jack noch andere Wohnungen?
- Ja, er ruft noch eine Nummer an.
- Wie heißt der Vermieter?
- Er heißt Mike.
- Weiß Jack, wie man zu diesem Haus fährt?
- Ja, er geht zu einer U-Bahn-Station. Die Wohnung befindet sich in der Nähe eines Parks.

- He rides the subway for about ten minutes.
- Does he immediately find the house?
- No, he cannot find the house, but he has an address.
- Can he ask somebody?
- Yes, he goes by a woman with a child.
- What does Jack ask her?
- He asks her how to get to the house.
- Does the woman know this house?
- Yes, she lives there. She points to Jack the direction in which to go.
- Where is the house?
- The house is located behind the bank.
- Does Jack like the house?
- Yes, he likes that the house is located next to the park.
- Is the house located in a quiet place?
- Yes, it is quiet and peaceful around the house.
- On what floor is Mike's apartment?
- Mike's apartment is on the third floor.
- Does Jack go up the stairs?
- No, Jack gets in the elevator. He goes to the third floor.
- Does Jack knock on the door or ring the bell?
- He rings the bell.
- Is furniture in the apartment new or old?
- The furniture in the apartment is new.
- Is there a TV in the room?
- Yes, there is a large TV. It is new.
- Where is the bed in the room?

- Wie lange fährt Jack mit der U-Bahn?
- Er fährt mit der U-Bahn ungefähr zehn Minuten lang.
- Findet er das Haus sofort?
- Nein, er kann das Haus nicht finden, aber er hat die Adresse.
- Kann er jemanden fragen?
- Ja, er fragt eine Frau mit einem Kind.
- Wonach fragt Jack die Frau?
- Er fragt, wie man das Haus finden kann.
- Kennt die Frau dieses Haus?
- Ja, sie wohnt dort. Sie zeigt Jack die Richtung.
- Wo ist das Haus?
- Es ist hinter einer Bank.
- Gefällt Jack das Haus?
- Ja, es gefällt ihm, dass sich das Haus neben dem Park befindet.
- Befindet sich das Haus in einem ruhigen Ort?
- Ja, es ist still und ruhig rund um das Haus.
- In welcher Etage befindet sich Mikes Wohnung?
- Die Wohnung ist in der dritten Etage.
- Geht Jack treppauf?
- Nein, er fährt mit dem Aufzug. Er fährt zur dritten Etage.
- Klopft Jack an die Tür oder klingelt er?
- Er klingelt.
- Sind die Möbel in der Wohnung neu oder alt?
- Die Möbel in der Wohnung sind neu.
- Gibt es einen Fernseher im Zimmer?

- The bed is in the corner of the room.
- What furniture is in the room?
- There is a large bookcase in the living room, in the middle there is a table, and next to the table there is a big leather chair.
- Does Jack like the apartment?
- Yes, he says to Mike that he wants to live in this house.
- How much will Jack pay for the apartment?
- He will pay Mike three hundred euros per month.
- What does Jack conclude with Mike?
- They enter into a contract.
- For what period Jack must immediately pay?
- Jack has to pay for two months straight.
- When does he move from the hotel to the apartment?
- On the same day, he carries all his belongings out of the hotel.

- Ja, es gibt einen Großbildfernseher. Er ist neu.
- Wo ist das Bett in diesem Zimmer?
- Das Bett ist in der Zimmerecke.
- Welche Möbel gibt es im Zimmer?
- Es gibt ein großes Buchregal, in der Mitte gibt es einen Tisch und neben dem Tisch gibt es einen großen ledernen Sessel.
- Gefällt Jack die Wohnung?
- Ja, er sagt Mike, dass er hier wohnen will.
- Wieviel soll Jack für die Wohnung bezahlen?
- Er soll Mike dreihundert Euro pro Monat bezahlen.
- Was beschließt Jack mit Mike?
- Sie schließen einen Vertrag.
- Für welche Periode muss Jack sofort bezahlen?
- Er muss für zwei Monaten sofort bezahlen.
- Wann zieht Jack vom Hotel um?
- Am gleichen Tag bringt er alle seinen Sachen aus dem Hotel.

13

Break the ice

Brich das Eis

Little Leon is on the playground with his dad. He is playing with his friends.
"Daddy, may I put underpants over the pants?" he asks his dad.
"Why?" the dad asks the son.
"I will be Superman!"
"Okay. But let's do it at home," the dad says.
"I will be a superman!" Leon cries happily to his friends.

Der kleine Leon ist mit seinem Vater auf dem Spielplatz. Er spielt mit seinen Freunden.
„Papa, darf ich meine Unterhose über die Hose anziehen?" fragt er seinen Vater.
„Warum?" fragt der Vater den Sohn.
„Ich werde Superman sein!"
„Okay. Aber lass es uns zu Hause machen", sagt der Vater.
„Ich werde ein Superman sein!" schreit Leon glücklich zu seinen Freunden.

In the store

Im Geschäft

A

Words

act, to work [ækt | tə 'wɜːk] - funktionieren

aisle (in a store), section [aɪl ɪn ə stɔː | 'sekʃən] - die Abteilung

banana [bə'nɑːnə] - die Banane

be sold [bɪ soʊld] - verkauft werden

bottle ['bɔtəl] - die Flasche

boulevard ['buːləvɑːd] - der Boulevard

box [bɔks] - die Schachtel, die Kiste

bread roll, bun [bred roʊl | bʌn] - das Brötchen

busy ['bɪzɪ] - beschäftigt

cabbage ['kæbɪdʒ] - der Kohl

carrot ['kærət] - die Karotte

checkout, cash register ['tʃekaʊt | kæʃ 'redʒɪstə] - die Kasse

chickens ['tʃɪkɪnz] - die Hühner

cucumber ['kjuːkʌmbə] - die Gurke

dairy, milk ['deərɪ | mɪlk] - die Milch

decide [dɪ'saɪd] - entscheiden

different, various ['dɪfrənt | 'veərɪəs] - verschieden

display, to set out [dɪ'spleɪ | tə set 'aʊt] - auslegen

drawer, box [drɔː | bɔks] - die Schublade

drive, to transport [draɪv | tə træns'pɔːt] - fahren

eat [iːt] - essen

egg [eg] - das Ei
entry, entrance ['entrɪ | ɪn'trɑːns] - der Eingang
fruit [fruːt] - das Obst
get up ['get ʌp] - aufstehen
grape(s) [greɪp 'es] - die Traube(n)
head [hed] - gehen
juice [dʒuːs] - der Saft
lemon ['lemən] - die Zitrone
line, queue [laɪn | kjuː] - die Schlange
liter ['liːtə] - der Liter
meat [miːt] - das Fleisch
mushroom ['mʌʃrʊm] - der Pilz
necessary ['nesəsərɪ] - nötig
only, just ['oʊnlɪ | dʒəst] - nur
orange ['ɔrɪndʒ] - die Orange
package ['pækɪdʒ] - das Päckchen
packet ['pækɪt] - das Paket
pasta, macaroni ['pæstə | ˌmækə'roʊnɪ] - die Nudeln
pay [peɪ] - bezahlen
peach [piːtʃ] - der Pfirsich
piece [piːs] - das Stück
pineapple ['paɪnæpəl] - die Ananas
polyethylene, plastic [ˌpɔlɪ'eθəliːn | 'plæstɪk] - Polyethylen, das Plastik, der Kunststoff
potato chips [pə'teɪtoʊ tʃɪps] - die Chips
rack, stand [ræk | stænd] - der Stand
rain [reɪn] - der Regen
raw [rɔː] - roh
ready, prepared ['redɪ | prɪ'peəd] - fertig
receipt [rɪ'siːt] - die Rechnung
rice [raɪs] - der Reis
sausage ['sɔsɪdʒ] - die Wurst
scales [skeɪlz] - die Waage
scan [skæn] - kassieren
shine [ʃaɪn] - leuchten, scheinen
sour cream ['saʊə kriːm] - die Sahne
strawberry ['strɔːbrɪ] - die Erdbeere
succeed, to go off well [sək'siːd | tə goʊ ɔf wel] - gelingen
sun [sʌn] - die Sonne
Sunday ['sʌndeɪ] - der Sonntag
take by, to drive, to transport [teɪk baɪ | tə draɪv | tə træns'pɔːt] - fahren
tomato [tə'mɑːtoʊ] - die Tomate
vegetable ['vedʒɪtəbəl] - das Gemüse
wagon, cart ['wægən | kɑːt] - der Wagen
wallet ['wɔlɪt] - die Geldtasche, das Portmonee
weigh [weɪ] - wiegen

B

Today is Sunday. Jack has a lot of free time. He decides to go to the store. It's ten o'clock in the morning. Jack gets up from

Heute ist Sonntag. Jack hat viel Freizeit. Er entscheidet sich, ins Geschäft zu gehen. Es ist zehn Uhr morgens. Jack steht auf. Er

bed. He brushes his teeth, gets dressed and goes to have breakfast. He wants to buy food for a week, so he goes to the supermarket. There is a supermarket nearby. Jack leaves the house. He walks along the boulevard. Outside, the weather is good. The sun is shining. A lot of people are walking along the boulevard. Jack goes on. The supermarket is already close. He goes in. Jack takes a cart. He goes to the store and chooses food. Jack is in the produce aisle. There are bananas, apples, oranges, pineapples, peaches, strawberries and grapes. Jack needs lemons. He takes a plastic bag and puts lemons in. Jack takes three. He also takes another plastic bag and puts it in the apples. He takes five. He puts the bags in the cart. Jack brings the cart to the scales and weighs the fruit. Jack goes on. He is in the vegetable department. There are carrots, tomatoes, mushrooms, cucumbers, cabbage and other vegetables. They are in boxes. Jack wants to take some tomatoes and cucumbers. He is taking vegetables and weighing them. Then Jack goes to the meat department. He wants to take a piece of sausage. Jack chooses a sausage. There is also fish, raw and ready-chickens, sausages and other meat products. Jack goes on. He picks up a carton of eggs. Near the meat department, he takes a

putzt seine Zähne, kleidet sich an und geht in die Küche, um zu frühstücken. Er will Lebensmittel für die Woche kaufen, also geht er in den Supermarkt. Der Supermarkt liegt in der Nähe. Jack geht draußen. Er geht dem Boulevard entlang. Draußen ist das Wetter gut. Die Sonne scheint. Viele Leute spazieren auf dem Boulevard. Jack geht weiter. Der Supermarkt ist schon nah. Er kommt ein. Jack nimmt einen Einkaufwagen. Er geht ins Geschäft und wählt Produkte. Jack ist in der Obstabteilung. Es gibt hier Bananen, Äpfel, Orangen, Ananasse, Pfirsiche, Erdbeeren und Trauben. Jack braucht Zitronen. Er nimmt eine Kunststofftüte und legt die Zitronen hinein. Jack nimmt drei. Er nimmt noch eine Kunststofftüte und legt dort die Äpfel hinein. Er nimmt fünf. Er legt die Tüten in den Wagen. Jack geht zu der Waage und wiegt das Obst. Er geht weiter. Er ist in der Gemüseabteilung. Es gibt hier Karotten, Tomaten, Pilze, Gurken, Kohl und noch mehr Gemüse. Sie liegen in Kisten. Jack will einige Tomaten und Gurken nehmen. Er nimmt das Gemüse und wiegt es. Dann geht Jack zur Fleischabteilung. Er will ein Stück Wurst nehmen. Jack wählt eine Wurst. Es gibt auch Fisch, rohe und fertige Hühnchen, Würste und andere Fleischprodukte. Jack geht weiter. Er nimmt ein Paket Eier. In der Nähe der Fleischabteilung nimmt er auch ein Paket Zucker. Er nimmt auch ein Paket

packet of sugar. He also takes a package of pasta and a package of rice. In the dairy department, Jack takes a carton of milk and a cup of sour cream. In the bread department, there are a lot of different buns and bread. Jack picks up a loaf of bread and two sweet buns. He also takes one small box of cookies. Jack goes to the checkout. Along the way he picks up two bottles of orange juice. There is one liter of juice in a bottle. Jack also loves chips. He takes two packs. He carries the cart with the products to the checkout. There is a long line at the checkout. Jack stands in the queue. Jack puts food on the counter. The cashier scans the food. Jack wants to pay by credit card. He gives the cashier his card. Cashier puts the card through, but it does not work. The cashier asks Jack to pay in cash. Jack has a little money in his wallet. This is enough. Jack pays the cashier. The cashier gives him a check. Jack leaves the store.

Nudeln und ein Paket Reis. In der Milchabteilung nimmt Jack einen Karton Milch und einen Becher Sahne. In der Backwarenabteilung gibt es viele verschiedene Brötchen und Brote. Jack nimmt ein Brot und zwei süße Brötchen. Er nimmt auch ein kleines Paket Kekse. Jack geht zur Kasse. Auf dem Weg nimmt er noch zwei Flaschen Orangensaft mit. Es gibt einen Liter Saft in einer Flasche. Jack liebt auch Chips. Er kauft zwei Päckchen. Er geht mit dem Einkaufswagen zur Kasse. Es gibt eine lange Schlange zur Kasse. Jack steht in der Schlange. Jack stellt die Lebensmittel auf den Ladentisch. Der Kassierer scannt die Produkte. Jack will mit der Kreditkarte zahlen. Er gibt dem Kassierer seine Kreditkarte. Der Kassierer steckt die Karte in die Maschine, aber die Karte funktioniert nicht. Der Kassierer bittet Jack, mit Bargeld zu bezahlen. Jack hat etwas Geld in seinem Portmonee. Es reicht. Jack bezahlt dem Kassierer. Der Kassierer gibt ihm eine Rechnung. Jack verlässt das Geschäft.

C

Questions and answers

- What day is it today?
- Today is Sunday.
- Is Jack very busy today?
- No, Jack has got a lot of free time.
- Where will Jack go today?

Fragen und Antworten

- Welcher Wochentag ist heute?
- Heute ist Sonntag.
- Ist Jack heute sehr beschäftigt?
- Nein, Jack hat viel Freizeit.
- Wohin geht Jack heute?

- He decides to go to the store.
- What time is it?
- It's ten o'clock in the morning.
- Why does Jack go to the supermarket?
- He wants to buy food for the week.
- Is it raining outside?
- No, the weather is fine outside. The sun is shining.
- Are there people walking along the boulevard?
- Yes, a lot of people are walking along the boulevard.
- What does Jack take at the entrance to the supermarket?
- Jack takes a cart.
- What is sold in the fruit department?
- There are bananas, apples, oranges, pineapple, peaches, strawberries and grapes.
- What does Jack need in this department?
- Jack needs lemons.
- How many lemons does he put in a plastic bag?
- He puts three.
- What else does Jack take?
- He takes another plastic bag and puts apples in it.
- How many apples does Jack take?
- He takes five.
- Where does Jack weigh the fruit?
- Jack fruit weighs on the scale.
- What is there in the vegetable department?

- Er entscheidet sich, ins Geschäft zu gehen.
- Wie spät ist es?
- Es ist zehn Uhr morgens.
- Warum geht Jack in den Supermarkt?
- Er will Lebensmittel für die Woche kaufen.
- Regnet es draußen?
- Nein, draußen ist das Wetter gut. Die Sonne scheint.
- Spazieren Leute auf dem Boulevard?
- Ja, viele Leute spazieren auf dem Boulevard.
- Was nimmt Jack am Supermarkteingang mit?
- Er nimmt einen Einkaufswagen mit.
- Was wird in der Obstabteilung verkauft?
- Es gibt Bananen, Äpfel, Orangen, Ananasse, Pfirsiche, Erdbeeren und Trauben.
- Was braucht Jack in dieser Abteilung?
- Er braucht Zitronen.
- Wie viele Zitronen legt er in die Kunststofftüte?
- Er nimmt drei.
- Was nimmt Jack noch?
- Er nimmt noch eine Kunststofftüte und legt Äpfel dort.
- Wie viele Äpfel nimmt Jack?
- Er nimmt fünf.
- Wo wiegt Jack das Obst?
- Er wiegt das Obst auf der Waage.
- Was gibt es in der Gemüseabteilung?
- Es gibt Karotten, Tomaten, Pilze, Gurken,

- There are carrots, tomatoes, mushrooms, cucumbers, cabbage and other vegetables.
- Where are the vegetables?
- They are in boxes.
- What vegetables does Jack need?
- Jack wants to take a few tomatoes and cucumbers.
- Does Jack take the vegetables and go further?
- No, he picks up vegetables and weighs them.
- Does Jack want to take a piece of sausage in the meat section?
- Yes, Jack chooses sausage.
- What other products does Jack take?
- He takes a carton of eggs, a packet of sugar, a packet of pasta and a pack of rice.
- Does Jack eat dairy products?
- Yes, Jack takes a carton of milk and a cup of sour cream in the dairy department.
- Is there a good bread department in the supermarket?
- Yes, there are a lot of different buns and bread in the bread department.
- Does Jack only buy bread or does he buy buns too?
- Jack picks up a loaf of bread and two sweet buns.
- Does he like cookies?
- Yes, he takes one small box of cookies.
- What else does Jack take on the way to the checkout?
- On the way to the checkout, he takes two

Kohl und noch mehr Gemüse.
- Wo liegt das Gemüse?
- Es liegt in Kisten.
- Was für Gemüse braucht Jack?
- Jack will einige Tomaten und Gurken nehmen.
- Nimmt Jack das Gemüse und geht weiter?
- Nein, er nimmt das Gemüse und wiegt es.
- Will Jack ein Stück Wurst in der Fleischabteilung nehmen?
- Ja, Jack wählt die Wurst.
- Welche Produkte nimmt Jack noch?
- Er nimmt einen Karton Eier, ein Paket Zucker, ein Paket Nudeln und ein Paket Reis.
- Isst Jack Milchprodukte?
- Ja, Jack nimmt einen Karton Milch und einen Becher Sahne in der Milchabteilung.
- Gibt es eine gute Backwarenabteilung im Supermarkt?
- Ja, in der Backwarenabteilung gibt es viele verschiedene Brötchen und Brote.
- Kauft Jack nur Brot oder kauft er noch Brötchen?
- Jack nimmt ein Brot und zwei süße Brötchen.
- Mag er Kekse?
- Ja, er nimmt ein kleines Paket Kekse.
- Was nimmt Jack noch auf dem Weg zur Kasse mit?
- Auf dem Weg zur Kasse nimmt er zwei Flaschen Saft mit.
- Welchen Saft kauft Jack?

bottles of juice.
- What kind of juice does Jack buy?
- Orange juice.
- How much juice is there in a bottle?
- There is one liter of juice in a bottle.
- Does Jack like chips?
- Yes, Jack loves chips. He takes two packs.
- Is there a line at the checkout?
- Yes, there is a long line at the checkout.
- Does Jack not want to stand in the line and leaves without the food?
- No, Jack stands in the line.
- Where did he puts food?
- Jack puts food on the counter.
- Does Jack want to pay in cash or by credit card?
- Jack wants to pay by credit card. He gives the cashier his card.
- Does he manage to pay for products by card?
- No. The cashier puts the card through, but it does not work.
- What does the cashier ask Jack?
- The cashier asks Jack to pay in cash.
- Does Jack have money?
- He has a little money in his wallet.
- Does he have enough money to him to pay?
- Yes, he has enough money. Jack pays the cashier.

- Orangensaft.
- Wieviel Saft gibt es in einer Flasche?
- In einer Flasche gibt es einen Liter Saft.
- Mag Jack Chips?
- Ja, er liebt Chips. Er nimmt zwei Päckchen.
- Gibt es eine Schlange an der Kasse?
- Ja, es gibt eine lange Schlange an der Kasse.
- Will Jack nicht Schlange stehen und geht er ohne Lebensmittel weg?
- Nein, er steht Schlange.
- Wohin legt er die Produkte?
- Er legt die Produkte auf den Ladentisch.
- Will Jack mit Bargeld oder mit der Kreditkarte zahlen?
- Er will mit der Kreditkarte bezahlen. Er gibt dem Kassierer seine Karte.
- Gelingt es ihm, mit der Kreditkarte für die Produkte zu zahlen?
- Nein. Der Kassierer steckt die Karte in die Maschine, aber sie funktioniert nicht.
- Worum bittet der Kassierer Jack?
- Der Kassierer bittet Jack, mit Bargeld zu zahlen.
- Hat Jack Geld?
- Er hat etwas Geld in seinem Portmonee.
- Ist es genug, um für die Produkte zu bezahlen?
- Ja, es reicht. Jack bezahlt dem Kassierer.

14

Break the ice

Brich das Eis

"Mommy, what smartphone did you have when you were little?" a little son asks his mom.
"None," his mom answers.
"Did you have a tablet?" he asks again.
"When I was little, there were neither tablets nor smartphones," the mom says to her son. Her son is very surprised.
"Mom, did you see dinosaurs, when you were a little child?" he asks again.
"No, I did not, dear. I am not that old."

„Mama, welches Smartphone hattest du, als du klein warst?" ein kleiner Sohn fragt seine Mutter.
„Gar keins", antwortet seine Mutter.
„Hattest du ein Tablet?" fragt er wieder.
„Als ich klein war, gab es weder Tablets noch Smartphones", sagt die Mutter zu ihrem Sohn. Ihr Sohn ist sehr überrascht.
„Mama, hast du Dinosaurier gesehen, als du ein kleines Kind warst?" fragt er wieder.
„Nein, habe ich nicht, Lieber. So alt bin ich jetzt auch nicht."

I have four classes today

Heute habe ich vier Fächer

Words

about [ə'baʊt] - über
auditorium, class-room [ˌɔːdɪ'tɔːrɪəm | 'klæsruːm] - der Hörsaal
be left, to stay [bɪ left | tə steɪ] - bleiben
beginning [bɪ'gɪnɪŋ] - der Anfang
bill [bɪl] - die Rechnung
biology [baɪ'ɔlədʒɪ] - die Biologie
board [bɔːd] - das Brett
break [breɪk] - die Pause
breakfast ['brekfəst] - das Frühstück
Brussels ['brʌsəlz] - Brüssel
carefully, attentively ['keəfəlɪ | ə'tentɪvlɪ] - aufmerksam
chalk [tʃɔːk] - die Kreide
classes ['klɑːsɪz] - das Unterricht, der Unterricht, die Kurse, die Fächer
dean's office ['diːnz 'ɔfɪs] - das Dekanat
evening ['iːvənɪŋ] - der Abend
following, next ['fɔloʊɪŋ | nekst] - nächster
formula ['fɔːmjʊlə] - die Formel
fourth ['fɔːθ] - vierter
geography [dʒɪ'ɔgrəfɪ] - die Geographie, die Erdkunde
get tired ['get 'taɪəd] - müde werden
grandfather, old man ['grænfɑːðə | oʊld mæn] - der Opa, der alte Mann

grandmother, old woman ['græn ˌmʌðə | oʊld 'wʊmən] - die Oma, die alte Frau
history ['hɪstrɪ] - die Geschichte
hot [hɔt] - heiß
in, into [ɪn | 'ɪntə] - in
interesting ['ɪntrəstɪŋ] - interessant
librarian [laɪ'breərɪən] - der Bibliothekar
light [laɪt] - leicht
magazine [ˌmægə'zi:n] - die Zeitschrift
ocean ['oʊʃən] - der Ozean
office ['ɔfɪs] - das Büro
one and a half [wʌn ənd ə hɑ:f] - anderthalb
open ['oʊpən] - öffnen
page [peɪdʒ] - die Seite
pair [peə] - das Paar
peace; world [pi:s | wɜ:ld] - der Frieden; die Welt
pencil ['pensəl] - der Bleistift
physics ['fɪzɪks] - die Physik
prepare oneself [prɪ'peɔ wʌn'self] - sich vorbereiten
put on ['pʊt ɔn] - anziehen
reach [ri:tʃ] - greifen
return [rɪ'tɜ:n] - zurückgeben
rule [ru:l] - die Regel
ruler ['ru:lə] - das Lineal
sandwich ['sænwɪdʒ] - das belegte Brot
start [stɑ:t] - anfangen, beginnen
step [step] - die Stufe
subject, thing [sʌb'dʒekt | 'θɪŋ] - das Fach; das Ding
synopsis, outline [sɪ'nɔpsɪs | 'aʊtlaɪn] - die Zusammenfassung, das Resümee
take (time), to last [teɪk 'taɪm | tə lɑ:st] - dauern
teacher, instructor ['ti:tʃə | ɪn'strʌktə] - der Lehrer
test ['test] - die Prüfung
textbook ['teksbʊk] - das Lehrbuch
twelfth [twelfθ] - zwölfter
write down ['raɪt daʊn] - notieren
write out (a check) ['raɪt 'aʊt ɔ tʃɛk] ausschreiben

B

Today I'm going to university. I have to be there at eight thirty. I get dressed. It is hot outside, so I put on light clothing. Then I have breakfast. I eat a sandwich and drink tea for breakfast. I collect my things. I take with me a notebook, pen, pencil, ruler and history textbook to university. I leave the house and go to

Heute gehe ich zur Universität. Ich muss dort um halb neun sein. Ich ziehe mich an. Draußen ist es heiß, deshalb nehme ich dünne Kleidung. Dann esse ich das Frühstück. Zum Frühstück esse ich ein belegtes Brot und trinke ich Tee. Ich sammle meine Sachen ein. Ich nehme mein Heft, einen Kugelschreiber, einen Bleistift, ein Lineal und ein

the bus stop. I get on the bus to university. I see the university. There are a lot of students at the entrance. I go to the door and enter the university. Today I have four classes. The first lesson is physics, the second one is history, the third one is biology, the fourth one is English. I need to go to the auditorium for physics. I climb the stairs to the second floor. I go to the physics auditory. A lot of students are standing near the auditorium. Ten minutes remain before the beginning of the class. I go into the auditorium and sit down on a chair. Sitting next to me is my friend Mike. He gets very good grades. Our teacher comes in. His name is Mr. Steven. He picks up the chalk and writes a topic on the board. Students take out their notebooks and pens. We write down the topic. Mr. Steven then distributes our books on physics. He asks us to open the books on page twelve. We write down formulas and rules in our notebooks. Mr. Steven tells us about the topic. We listen carefully. The class lasts an hour and a half. Then I leave the auditorium. The break has started. The break lasts fifteen minutes. Next is the history lesson. I need to go to the third floor. The history classroom is there. I go up to the third floor and I go into the classroom. Our teacher is

Geschichtslehrbuch mit zur Universität. Ich verlasse die Wohnung und gehe zur Bushaltestelle. Ich steige in den Bus ein und fahre zur Universität. Ich sehe die Universität. Neben dem Eingang gibt es viele Studenten. Ich gehe zur Tür und trete ein. Heute habe ich vier Fächer. Das erste - Physik, das zweite - Geschichte, das dritte - Biologie, das vierte - Englisch. Ich muss zum Hörsaal für die Physikunterricht gehen. Ich gehe treppauf bis zur zweiten Etage. Viele Studenten stehen vor dem Hörsaal. Das Unterricht fängt in zehn Minuten an. Ich gehe in den Hörsaal und setze mich. Neben mir sitzt mein Freund Mike. Er hat sehr gute Noten. Der Lehrer kommt herein. Er heißt Herr Steven. Er nimmt die Kreide und schreibt das Thema auf die Tafel. Studenten nehmen ihre Hefte und Kugelschreiber heraus. Wir notieren das Thema. Herr Steven gibt uns dann unsere Physiklehrbücher. Er bittet uns, die Bücher auf der zwölften Seite zu öffnen. Wir notieren die Formeln und Regeln in unseren Heften. Herr Steven erklärt uns das Thema. Wir hören aufmerksam. Das Unterricht dauert anderthalb Stunden. Dann verlasse ich den Hörsaal. Die Pause beginnt. Die Pause dauert fünfzehn Minuten. Dann ist die Geschichte. Ich muss auf die dritte Etage gehen. Dort ist der Raum für Geschichte. Ich gehe treppauf und dann in den Saal. Unser Lehrer heißt Herr Oliven. Er sitzt am Tisch und liest eine Zeitung. Eine große Landkarte hängt an der

called Mr. Oliven. He is sitting at a table and is reading a newspaper. A large map hangs on the blackboard in his room. Students come to the room and sit down in their seats. The class begins. Our teacher looks at a map. He tells us the history of the city of Brussels. He then writes a topic on the board. The class lasts an hour and a half. Then we go out of the room. The long break begins. It lasts thirty minutes. I go out of the university and go to a cafe. My friend Mike goes with me. The cafe is located nearby. We come into the cafe. I order a pizza and coffee. I sit in the cafe with Mike for twenty minutes. Then I pay the bill for the food to the waiter and leave the cafe. The third lesson is in biology. I love to go to lectures on biology. Our instructor Mr. Christin tells very interesting things. The lecture lasts an hour and a half. Then I go to the English class. I know English well. My grandparents live in England. I often go to visit them. I think I'll go to the library after classes. Tomorrow I have a test in geography, so I need to prepare well. I want to take a book on the world's oceans. I need to make an outline. The library is located at our university. It is on the fourth floor. I go to the library. A lot of students are sitting in the library. They are reading and taking notes. It's

Tafel in seinem Raum. Studenten kommen in den Saal und setzen sich auf ihre Plätze. Die Vorlesung fängt an. Der Lehrer schaut auf die Karte. Er erzählt uns die Geschichte der Stadt Brüssel. Dann schreibt er das Thema an die Tafel. Die Vorlesung dauert anderthalb Stunden. Wir gehen aus dem Saal. Die lange Pause fängt an. Sie dauert eine halbe Stunde. Ich gehe aus der Universität und in ein Café. Mein Freund Mike kommt mit. Das Café liegt in der Nähe. Wir kommen in das Café. Ich bestelle Pizza und Kaffee. Ich sitze mit Mike zwanzig Minute lang im Café. Dann bezahle ich den Kellner und gehe nach draußen. In der dritten Stunde haben wir Biologie. Ich liebe es, zu Biologievorlesungen zu gehen. Unser Lehrer Herr Christin erzählt sehr interessante Dinge. Die Vorlesung dauert anderthalb Stunden. Dann gehe ich zum Englischunterricht. Ich spreche Englisch gut. Meine Großeltern wohnen in England. Ich fahre oft dorthin, um sie zu besuchen. Ich denke daran, nach dem Unterricht in die Bibliothek zu gehen. Morgen habe ich einen Test in Geographie, ich muss mich also gut vorbereiten. Ich will ein Buch über die Ozeane der Welt ausleihen. Ich muss eine Zusammenfassung schreiben. Die Bibliothek befindet sich in unserer Universität. Sie ist in der vierten Etage. Ich gehe in die Bibliothek. Viele Studenten sitzen dort. Sie lesen und machen Notizen. Es ist schon vier Uhr nachmittags. Ich bin müde. Ich will die Bücher

already four o'clock in the afternoon. I'm tired. So I want to take the books home. I go to the librarian. I ask him to show me a book about the oceans. The librarian shows me three books. I look at the books. I decide to take two of them home. I also take a magazine. I check out the books and the magazine. The librarian says that I have to return the books and the magazine in three weeks. I take the books and the magazine, and go home.

nach Hause mitnehmen. Ich gehe zum Bibliothekar. Ich bitte ihn, mir ein Buch über die Ozeane zu zeigen. Der Bibliothekar zeigt mir drei Bücher. Ich schaue sie an. Ich entscheide mich, zwei Bücher mitzunehmen. Ich nehme auch eine Zeitschrift. Ich leihe die Bücher und die Zeitschrift aus. Der Bibliothekar sagt, dass ich die Bücher und die Zeitschrift in drei Wochen zurückgeben soll. Ich nehme die Bücher und die Zeitschrift und gehe nach Hause.

C

Questions and answers

- Where are you going today?
- Today I'm going to university.
- At what time do you have to be there?
- I have to be there at half past eight.
- Why do you wear light clothing?
- I wear light clothing because it is hot outside.
- What do you eat for breakfast?
- For breakfast I eat a sandwich and drink tea.
- What do you take with you to university?
- I take a notebook, pen, pencil, ruler and history textbook to university.
- Do you get on foot or by bus to university?
- I get to university by bus.

Fragen und Antworten

- Wohin gehst du heute?
- Ich gehe zur Universität.
- Wie spät musst du dort sein?
- Ich muss um halb neun dort sein.
- Warum nimmst du dünne Kleidung?
- Ich nehme dünne Kleidung, weil es draußen heiß ist.
- Was isst du zum Frühstück?
- Ich esse ein belegtes Brot und trinke Tee zum Frühstück.
- Was nimmst du mit zur Universität?
- Ich nehme ein Heft, einen Kugelschreiber, einen Bleistift, ein Lineal und das Geschichtslehrbuch mit.
- Gehst du zur Universität zu Fuß oder fährst du mit dem Bus?
- Ich fahre mit dem Bus zur Universität.

- How many classes do you have today?
- Today I have four classes.
- What subjects do you study?
- Physics, history, biology and English.
- To which floor do you have to get?
- I climb the stairs to the second floor.
- Do you go to the dean?
- No, I'm going to the physics auditorium.
- How many minutes are left before the start of classes?
- There are ten minutes before the class.
- Who is sitting next to you?
- My friend Mike is sitting next to me.
- Does he do well at university?
- Yes, he does very well.
- What is the name of your teacher?
- His name is Mr. Steven.
- How does Mr. Steven start class?
- Mr. Steven writes the topic on the board.
- What does Mr. Steven distribute?
- Mr. Steven distributes our books on physics.
- On which page do you open the book?
- We open the book on page twelve.
- What do you write in your notebook?
- We write formulas and rules in our notebooks.
- Do you listen to Mr. Steven carefully?
- Yes, we listen to him carefully.
- How long does a lesson last?
- A lesson lasts an hour and a half.
- How long is the break?

- Wie viele Stunden Unterricht hast du heute?
- Heute habe ich vier Stunden.
- Welche Fächer studierst du?
- Physik, Geschichte, Biologie und Englisch.
- Zu welcher Etage musst du gehen?
- Ich gehe treppauf zur zweiten Etage.
- Gehst du zum Dekan?
- Nein, ich gehe in den Physikhörsaal.
- Wie viele Minuten bleiben noch zum Anfang des Unterrichts?
- Zehn Minuten bleiben noch zum Unterricht.
- Wer sitzt neben dir?
- Mein Freund Mike sitzt neben mir.
- Hat er gute Noten?
- Ja, er hat sehr gute Noten.
- Wie heißt dein Lehrer?
- Sein Name ist Herr Steven.
- Wie beginnt Herr Steven die Unterricht?
- Er schreibt das Thema an die Tafel.
- Was gibt Herr Steven aus?
- Er gibt Physiklehrbücher aus.
- Auf welcher Seite öffnet ihr das Buch?
- Wir öffnen das Buch auf der zwölften Seite.
- Was notiert ihr in euren Heften?
- Wir notieren Formeln und Regeln in unseren Heften.
- Hört ihr Herrn Steven aufmerksam zu?
- Ja, wir hören ihm aufmerksam zu.
- Wie lange dauert das Unterricht?
- Das Unterricht dauert anderthalb Stunden.
- Wie lang ist die Pause?
- Die Pause dauert fünfzehn Minuten.

- Break lasts fifteen minutes.
- On what floor is the history room?
- The history room is on the third floor.
- What is your teacher's name?
- Our teacher's name is Mr. Oliven.
- What does he do during the break?
- He sits at the table and reads a newspaper.
- What hangs on the blackboard in the history room?
- A large map hangs on the blackboard.
- What does the teacher tell you about?
- He tells us the history of the city of Brussels.
- How long is the big break?
- It lasts thirty minutes.
- Who goes with you to the cafe?
- My friend Mike goes with me.
- Is the cafe far?
- No, the cafe is next door.
- What do you order?
- I order a pizza and coffee.
- How long do you sit in the cafe?
- I sit in the cafe with Mike for twenty minutes.
- To whom do you pay the bill for the food?
- I pay the bill for the food to the waiter.
- Do you like biology classes?
- Yes, I like to go to biology classes.
- Is your teacher's name Mr. Christin?
- Yes, his name is Mr. Christin.
- Does he tells things in an interesting

- Auf welcher Etage ist der Raum für Geschichtsunterricht?
- Der Raum ist in der dritten Etage.
- Wie heißt euer Lehrer?
- Sein Name ist Herr Oliven.
- Was macht er während der Pause?
- Er sitzt am Tisch und liest eine Zeitung.
- Was hängt an der Tafel im Raum für den Geschichtsunterricht?
- Eine große Landkarte hängt an der Tafel.
- Worüber spricht der Lehrer?
- Er erzählt die Geschichte der Stadt Brüssel.
- Wie lange dauert die große Pause?
- Sie dauert dreißig Minuten.
- Wer geht mit dir ins Café?
- Mein Freund Mike geht mit.
- Ist das Café weit?
- Nein, es ist nah.
- Was bestellst du?
- Ich bestelle Pizza und Kaffee.
- Wie lange sitzt ihr im Café?
- Ich sitze mit Mike zwanzig Minuten lang im Café.
- Wen bezahlst du für das Essen?
- Ich bezahle den Kellner.
- Magst du Biologieunterricht?
- Ja, ich mag es, zum Biologieunterricht zu gehen.
- Heißt dein Lehrer Herr Christin?
- Ja, er heißt Herr Christin.
- Erzählt er alles auf eine interessante Art?
- Ja, unser Lehrer Herr Christin macht alles sehr interessant.

way?
- Yes, our teacher Mr. Christin makes things very interesting.
- Do you speak English?
- Yes, I speak English.
- Where are your grandparents?
- My grandparents live in England.
- Do you go to visit them?
- Yes, I often go to visit them.
- Where do you want to go after classes?
- I think I'll go to the library.
- In what subject do you have a test tomorrow?
- Tomorrow I have a test in geography.
- Do you need to prepare for it?
- Yes, I need to prepare well.
- What kind of books do you want to take out of the library?
- I want to take a book on the world's oceans.
- Why do you need these books?
- I need to write an outline.
- Where is the library?
- The library is in our university on the fourth floor.
- How many students are in the library?
- A lot of students sit in the library.
- What do they do?
- They read and take notes.
- Do you take a book and sit down to write an outline in the library?
- No, I'm tired, so I want to take the books home.

- Sprichst du Englisch?
- Ja, ich spreche Englisch.
- Wo sind deine Großeltern?
- Meine Großeltern wohnen in England.
- Besuchst du sie?
- Ja, ich besuche sie oft.
- Wohin willst du nach dem Unterricht gehen?
- Ich denke daran, in die Bibliothek zu gehen.
- In welchem Fach hast du morgen einen Test?
- Morgen habe ich einen Test in Geographie.
- Musst du dich vorbereiten?
- Ja, ich muss mich gut vorbereiten.
- Welche Bücher musst du aus der Bibliothek verleihen?
- Ich brauche ein Buch über die Ozeane der Welt.
-Wofür brauchst du diese Bücher?
- Ich muss eine Zusammenfassung schreiben.
- Wo ist die Bibliothek?
- Die Bibliothek befindet sich in unserer Universität auf der vierten Etage.
- Wie viele Studenten gibt es in der Bibliothek?
- Es gibt viele Studenten in der Bibliothek.
- Was machen sie?
- Sie lesen und machen Notizen.
- Nimmst du ein Buch und setzst du dich, um eine Zusammenfassung zu schreiben?
- Nein, ich bin müde, also will ich die Bücher nach Hause mitnehmen.
- Worum bittest du den Bibliothekar?

- What do you ask the librarian?
- I ask him to show me a book about oceans.
- How many books do you decide to take home?
- I decide to take two books home.
- Do you also take a magazine?
- Yes, I also take a magazine.
- When do you have to return the books and magazine?
- The librarian says that I have to return the books and magazine in three weeks.

- Ich bitte ihn, mir ein Buch über die Ozeane zu zeigen.
- Wie viele Bücher willst du nach Hause mitnehmen?
- Ich entscheide mich, zwei Bücher mitzunehmen.
- Nimmst du auch eine Zeitschrift?
- Ja, ich nehme auch eine Zeitschrift.
- Wann musst du die Bücher und die Zeitschrift zurückgeben?
- Der Bibliothekar sagt, ich muss die Bücher und die Zeitschrift in drei Wochen zurückgeben.

15

Break the ice

Brich das Eis

Little Robert is playing on the playground.	Der kleine Robert spielt auf dem Spielplatz.
"Robert, come home!" his mother calls.	„Robert, komm nach Hause!" ruft seine Mutter.
Robert looks up at his mom.	Robert sieht zu seiner Mutter auf.
"Am I tired?" he asks his mom.	„Bin ich müde?" fragt er seine Mutter.
"No, dear," Robert's mom answers.	„Nein, Lieber", antwortet Roberts Mutter.
"Am I cold?" he asks again.	„Ist mir kalt?" fragt er wieder.
"No, honey. You are hungry," the mom says.	„Nein, Schatz. Du hast Hunger", sagt die Mutter.
"Okay, mommy! I am coming!" Robert says happily and runs home quickly.	„Okay, Mama! Ich komme!" sagt Robert glücklich und rennt schnell nach Hause.

Jack wants to work part-time

Jack will eine Teilzeitarbeit finden

Words

active ['æktɪv] - aktiv

age [eɪdʒ] - das Alter

become [bɪ'kʌm] - werden

before, earlier [bɪ'fɔː | 'ɜːlɪə] - früher

carry ['kærɪ] - tragen

commercial, advertisement [kə'mɜːʃəl | əd'vɜːtɪsmənt] - die Werbung

do, carry out [duː | 'kærɪ 'aʊt] - machen

driving license ['draɪvɪŋ 'laɪsns] - Führerschein

Dutch [dʌtʃ] - niederländisch

Dutchman ['dʌtʃmən] - der Niederländer

earn [ɜːn] - verdienen

education [ˌedʒʊ'keɪʃən] - die Ausbildung, die Erziehung

experience [ɪk'spɪərɪəns] - die Erfahrung

family ['fæməlɪ] - die Familie

fill out [fɪl 'aʊt] - ausfüllen

filled out [fɪld 'aʊt] - ausgefüllt

free(ly), fluently [friː 'laɪ | 'fluːəntlɪ] - fließend

full [fʊl] - voll

get a job ['get ə dʒɔb] - einen Job finden

girl [gɜːl] - das Mädchen

hello [hə'loʊ] - Hallo

knock [nɔk] - klopfen

last name [lɑːst 'neɪm] - der Familienname

loader, stevedore ['loʊdə | 'stiːvədɔː] - der Transportarbeiter, der Packer

male [meɪl] - männlich

manager, head ['mænɪdʒə | hed] - der Leiter, der Chef

married ['mærɪd] - verheiratet

name ['neɪm] - der Name
part-time ['pɑːt taɪm] - Teilzeit-
part-time job ['pɑːt taɪm dʒɔb] - die Teilzeitarbeit
person ['pɜːsən] - die Person, der Mensch
personal ['pɜːsənəl] - persönlich
phone [foʊn] - das Telefon
physical work ['fɪzɪkəl 'wɜːk] - die Handarbeit
placement, employment ['pleɪsmənt | ɪm'ploɪmənt] - die Anstellung
promise ['prɔmɪs] - versprechen
questionnaire [ˌkwestʃə'neə] - der Fragebogen
rights [raɪts] - die Rechte
settle ['setəl] - sich einrichten
skill [skɪl] - die Fertigkeit, die Kenntnis
sociable ['soʊʃəbəl] - gesellig
status ['steɪtəs] - der Stand, der Status
suggest, to offer [sə'dʒest | tʊ 'ɔfə] - anbieten
thanks [θæŋks] - danke
wish, to desire [wɪʃ | tə dɪ'zaɪə] - wünschen
work ['wɜːk] - die Arbeit

B

Jack has little money. He wants to work part-time. He has free time after university classes. His friend Mike works as a loader in a supermarket after school. Mike gets thirty euros per day. Jack asks Mike how he found the job. Mike tells Jack that he went to an employment agency. There he was offered the job. Mike gives Jack the address of the agency. Jack also decides to go to the employment agency. The agency is located in the city center. Jack gets there by subway. He quickly finds the agency. A lot of ads about work for students hangs at the entrance. Jack goes inside. There he sees a long queue. These are people who also want to get a

Jack hat wenig Geld. Er will eine Teilzeitarbeit finden. Er hat Freizeit nach dem Unterricht. Sein Freund Mike arbeitet als Lader in einem Supermarkt nach der Universität. Mike verdient dreißig Euro pro Tag. Jack fragt Mike, wie er diese Arbeit gefunden hat. Mike sagt Jack, dass es bei der Arbeitsagentur gewesen ist. Dort wurde ihm die Arbeit angeboten. Mike gibt Jack die Adresse der Agentur. Jack entscheidet sich, zur Arbeitsagentur zu gehen. Die Agentur befindet sich im Zentrum. Jack fährt dorthin mit der U-Bahn. Er findet das Büro schnell. Am Eingang hängen viele Anzeigen für Studentenarbeit. Jack kommt hinein. Dort sieht er eine lange Schlange. Es sind Leute, die auch eine Arbeit finden wollen. Sie stehen

job. They stand at the help desk. People take questionnaires for personal data. Jack stands in the line. Jack's turn comes in fifteen minutes.
"Hello, my name is Lisa," says the girl at the help desk to Jack.
"Hello, I am Jack," Jack says.
"Are you looking for work?" the girl asks him.
"Yes," Jack says.
"Do you want to work full-time or part-time?" the girl asks.
"I am a student and I want to work after classes," Jack says.
"Then take and complete the questionnaire for students, please. When you complete the questionnaire, take it to the head of department, " the girl says and gives him a questionnaire.
"Thank you," Jack says and takes the form.
Jack picks up a pen and fills out the questionnaire.
Name - Jack
Surname - Stroman
Gender - Male
Age - Nineteen years old
Nationality - Dutch
Marital status - Single
Education - I study at the University of Technology and Design.
Previous work - I have not worked before.

neben dem Schalter. Die Menschen nehmen Personalfragebogen mit. Jack stellt sich an das Ende der Schlange. In fünfzehn Minuten ist er an der Reihe.
„Hallo, ich bin Lisa", sagt das Mädchen im Schalter zu Jack.
„Hallo, ich bin Jack", sagt Jack.
„Suchst du eine Arbeit?", fragt ihn das Mädchen.
„Ja", antwortet Jack.
„Willst du eine Vollzeitarbeit oder eine Teilzeitarbeit?", fragt das Mädchen.
„Ich studiere und will nach dem Unterricht arbeiten", sagt Jack.
„Nimm, bitte, den Fragebogen für Studenten und fülle ihn aus. Wenn der Fragebogen ausgefüllt ist, gib ihn der Abteilungschefin", sagt das Mädchen und gibt ihm einen Fragebogen.
„Danke", sagt Jack und nimmt den Fragebogen.
Jack nimmt einen Kugelschreiber und füllt den Fragebogen aus.
Name - Jack
Familienname - Stroman
Geschlecht - männlich
Alter - neunzehn Jahre alt
Staatsangehörigkeit - niederländisch
Familienstand - ledig
Ausbildung - Ich studiere an der Universität für Technologie und Design.
Frühere Arbeit - Ich habe nicht gearbeitet.
Welche Kenntnisse und Erfahrungen haben

What skills and experience do you have? - I am an active and sociable person. I can do physical work. I can also do work on the computer.
Languages (0 - no, 10 - fluent) - English 7, German 10, Dutch 10
Driving license - No
Salary expectations - 30-40 euro per day
Phone number - +3456787487
Jack takes the form and goes to the office of the head of department. He knocks and comes into the office.
"Hello, my name is Jack. I was told to give the head of the department my questionnaire," Jack says to the woman sitting at the desk.
"Hello, my name is Eva Steg. I am the head of this department. You can give me your questionnaire," she answers.
"Here you are," Jack says, handing over his questionnaire. "When can I get a job?"
"We will call you when we find a job for you," she says.

Sie? - Ich bin eine aktive und gesellige Person. Ich kann manuelle Arbeiten machen. Ich kann auch mit dem Computer arbeiten.
Sprachen (0 - nicht, 10 - fließend) - Englisch - 7, Deutsch - 10, Niederländisch - 10
Führerschein - nein
Lohnerwartung - 30-40 Euro pro Tag
Telefonnummer - +3456787487
Jack nimmt den Fragebogen und geht zum Büro der Abteilungschefin. Er klopft und tritt ein.
„Guten Tag, ich heiße Jack. Man hat mir gesagt, meinen Fragebogen der Abteilungschefin abzugeben", sagt Jack zu der Frau, die am Schreibtisch sitzt.
„Guten Tag, ich heiße Eva Steg. Ich bin die Abteilungschefin. Bitte geben sie mir den Fragebogen", sie antwortet.
„Bitte", sagt Jack und gibt ihr seinen Fragebogen. "Wann kann ich eine Arbeit erwarten?"
„Wir werden Sie anrufen, wenn wir für Sie eine Arbeit finden," sie sagt.

C

Questions and answers

- Does Jack have a lot of money?
- No, Jack has little money.
- Does Jack want to get a job?
- Yes, he wants to earn money.
- Does he have time for part-time work?

Fragen und Antworten

- Hat Jack viel Geld?
- Nein, Jack hat wenig Geld.
- Will Jack eine Arbeit finden?
- Ja, er will Geld verdienen.
- Hat er Zeit für eine Teilzeitarbeit?

- Yes, he has free time after university classes.
- What does his friend Mike do?
- His friend Mike works as a loader in a supermarket after university classes.
- How much money does Mike get?
- Mike gets thirty euros per day.
- Does Jack ask Mike where he found the job?
- Yes, Mike gives Jack address of an employment agency.
- Where is this agency?
- The agency is located in the city center.
- Does Jack go there by bus?
- No, Jack gets there by subway.
- What does Jack see at the entrance to the agency?
- Many ads about work for students are hanging at the entrance.
- Are there many people at the agency?
- Yes, there he sees a long line.
- Who are these people?
- These are people who also want to get a job.
- What do people take?
- People take personal questionnaires.
- How much time does Jack stand in the line?
- Jack stands in the line for fifteen minutes.
- Does Jack want to work full-time or part-time?
- Jack is a university student and wants to work after classes.
- To whom does Jack give the completed

- Ja, er hat Zeit nach dem Unterricht.
- Was macht sein Freund Mike?
- Er arbeitet als Packer in einem Supermarkt nach dem Unterricht.
- Wie viel Geld verdient Mike?
- Er verdient dreißig Euro pro Tag.
- Fragt Jack seinen Freund, wo er die Arbeit gefunden hat?
- Ja, Mike gibt Jack die Adresse der Arbeitsagentur.
- Wo ist die Agentur?
- Die Agentur befindet sich im Zentrum.
- Fährt Jack dorthin mit dem Bus?
- Nein, Jack fährt mit der U-Bahn dorthin.
- Was sieht Jack am Eingang zur Agentur?
- Viele Anzeigen für Studentenarbeit hängen am Eingang.
- Gibt es viele Leute in der Agentur?
- Ja, er sieht eine lange Schlange.
- Wer sind diese Leute?
- Es sind Leute, die auch eine Arbeit suchen.
- Was nehmen die Leute?
- Die Leute nehmen Personalfragebogen.
- Wie lange wartet Jack?
- Jack steht Schlange für fünfzehn Minuten.
- Will Jack Vollzeit arbeiten oder such er eine Teilzeitarbeit?
- Jack studiert und will nach dem Unterricht arbeiten.
- Wem gibt Jack den ausgefüllten Fragebogen?

application form?
- Jack gives the form to the head of the department.
- How soon can Jack get a job?
- They promise to call Jack when they find a job for him.

- Er gibt den Fragebogen der Abteilungschefin.
- Wie schnell kann Jack eine Arbeit erwarten?
- Die Abteilungschefin verspricht, ihn anzurufen, wenn sie eine Arbeit für ihn finden.

Irregular Verbs

Die unregelmäßigen Verben

Infinitive	Past Tense	Past Participle	German
abide	abode	abode	bleiben, fortdauern
arise	arose	arisen	entstehen
awake	awoke / awaked	awoke / awaked / awoken	(auf)wecken
be	was, were	been	sein
bear	bore	born(e)	gebären, ertragen
beat	beat	beaten	schlagen, besiegen
become	became	become	werden
beget	begot	begotten	erzeugen, hervorbringen
begin	began	begun	anfangen
belay	belaid	belayed	festmachen
bend	bent	bent	biegen
bereave	bereaved	bereft	berauben
beseech	besought	besought	ersuchen, anflehen
bet	bet	bet	wetten
bid	bade / bid	bidden / bid	einladen, setzen (Kartenspiel)
bind	bound	bound	binden
bite	bit	bit, bitten	beißen
bleed	bled	bled	bluten
blow	blew	blown	blasen
break	broke	broken	(zer)brechen
breed	bred	bred	verursachen
bring	brought	brought	bringen
broadcast	broadcast	broadcast	senden / übertragen
build	built	built	bauen
burn	burnt (burned)	burnt (burned)	(ver)brennen
burst	burst	burst	platzen
buy	bought	bought	kaufen
can	could	-	können
cast	cast	cast	auswerfen, werfen
catch	caught	caught	fangen
chide	chide	chidden	(aus)schimpfen, tadeln
choose	chose	chosen	(aus)wählen

cleave	clove / cloven	cleft	(zer)teilen, (zer)schneiden, (zer)spalten
cling	clung	clung	kleben, haften
clothe	clothed / clad+	clothed / clad+	(an-, be-, ein-) kleiden
come	came	come	kommen
cost	cost	cost	kosten
creep	crept	crept	kriechen, schleichen
crow	crowed / crew	crowed	a. (rum)krähen (Kinder, Hahn) / b. protzen, prahlen
cut	cut	cut	schneiden
dare	dared / durst	dared	(sich etwas) trauen, wagen
deal	dealt	dealt	handeln
dig	dug	dug	graben
do	did	done	tun
draw	drew	drawn	zeichnen, ziehen
dream	dreamt (dreamed)	dreamt (dreamed)	träumen
drink	drank	drunk	trinken
drive	drove	driven	fahren
dwell	dwelt	dwelt	wohnen, leben
eat	ate	eaten	essen
fall	fell	fallen	fallen
feed	fed	fed	füttern
feel	felt	felt	(sich) fühlen
fight	fought	fought	kämpfen
find	found	found	finden
fit	fit	fit	passen
flee	fled	fled	fliehen
fling	flung	flung	schleudern
fly	flew	flown	fliegen
forbear	forbore	forborne	unterlassen, enthalten, Abstand nehmen
forbid	forbade	forbidden	verbieten / untersagen
forego	forewent	forgone	verzichten auf; aufgeben; Abstand nehmen von
forget	forgot	forgotten	vergessen
forgive	forgave	forgiven	verzeihen, vergeben
forsake	forsook	forsaken	aufgeben, verlassen, im Stich / hinter sich lassen
freeze	froze	frozen	frieren

geld	gelded	gelt	a. kastrieren b. verschneiden
get	got	got(ten, AE)	bekommen
give	gave	given	geben
go	went	gone	gehen, fahren
grind	ground	ground	schleifen
grow	grew	grown	wachsen, anbauen
hang	hung	hung	(auf)hängen
have	had	had	haben
hear	heard	heard	hören
heave	hove	hove	heben
hide	hid	hidden	verstecken
hit	hit	hit	schlagen, treffen
hold	held	held	halten
hurt	hurt	hurt	verletzen
input	input (inputted)	input (inputted)	(Passwort) eingeben
keep	kept	kept	halten
knit	knit (knitted)	knit (knitted)	stricken
kneel	knelt	knelt	knien
know	knew	known	wissen
lay	laid	laid	legen
lead	led	led	leiten, führen
lean	leant	leant	lehnen
leap	leapt	leapt	springen
learn	learnt (learned)	learnt (learned)	lernen
leave	left	left	(weg)gehen, (ver)lassen
lend	lent	lent	leihen
let	let	let	lassen
lie	lay	lain	liegen
light	lit (lighted)	lit (lighted)	anzünden / entzünden)
lose	lost	lost	verlieren
make	made	made	machen
may	might	-	können
mean	meant	meant	meinen
meet	met	met	treffen
misunderstand	misunderstood	misunderstood	missverstehen
mow	mowed	mown (mowed)	mähen
must	had to	had to	müssen, dürfen

offset	offset	offset	ausgleichen
pay	paid	paid	(be)zahlen
put	put	put	legen, setzen, stellen
quit	quit	quit	beenden, kündigen
read	read	read	lesen
rend	rent	rent	zerreißen, zerfleischen
rewrite	rewrote	rewritten	neu schreiben / umschreiben
rid	rid	rid	befreien, loswerden
ride	rode	ridden	reiten, fahren
ring	rang	rung	läuten
rise	rose	risen	aufgehen/-stehen
run	ran	run	laufen, rennen
say	said	said	sagen
see	saw	seen	sehen
seek	sought	sought	(auf)suchen
sell	sold	sold	verkaufen
send	sent	sent	schicken, senden
set	set	set	setzen, stellen
sew	sewed	sewn	nähen
shake	shook	shaken	schütteln
shave	shaved	shaven (shaved)	rasieren
shed	shed	shed	abwerfen, haaren, vergießen
shine	shone	shone	scheinen
shoe	shod	shod	a. beschuhen b. beschlagen (Pferd)
shoot	shot	shot	schießen
show	showed	shown (showed)	zeigen
shrink	shrank	shrunk	schrumpfen
shut	shut	shut	schließen
sing	sang	sung	singen
sink	sank	sunk	sinken
sit	sat	sat	sitzen
slay	slew	slain	töten, ermorden, erschlagen
sleep	slept	slept	schlafen
slide	slid	slide	gleiten
sling	slung	slung	schleudern
slink	slunk	slunk	(weg)schleichen, davonschleichen

slit	slit	slit	(auf-, zer-)schlitzen, zerschneiden
smell	smelt (smelled)	smelt (smelled)	riechen
smite	smote	smitten	quälen, schlagen
sneak	snuck (sneaked)	snuck (sneaked)	schleichen
sow	sowed	sown	sähen
speak	spoke	spoken	sprechen
speed	sped	sped (speeded)	(mit dem Auto) rasen
spell	spelt (spelled)	spelt (spelled)	buchstabieren
spend	spent	spent	verbringen, ausgeben
spill	spilt	spilt	verschütten
spin	spun	spun	drehen, spinnen
spit	spat	spat	spucken
split	split	split	teilen, spalten
spoil	spoilt	spoilt	verderben
spread	spread	spread	sich ausbreiten
spring	sprang	sprung	springen
stand	stood	stood	stehen
steal	stole	stolen	stehlen
stick	stuck	stuck	kleben
sting	stung	stung	brennen, schmerzen
stink	stank	stunk	stinken
strew	strewed	strewn (strewed)	streuen
stride	strode	stridden	schreiten, überschreiten
strike	struck	struck / stricken	stoßen, streiken
string	strung	strung	bespannen, aufreihen
strive	strove	striven	streben, (sich) bemühen
swear	swore	sworn	schwören
sweep	swept	swept	fegen
swell	swelled	swollen	(an-, auf-)schwellen, (an)steigen
swim	swam	swum	schwimmen
swing	swung	swung	schaukeln
take	took	taken	nehmen
teach	taught	taught	unterrichten
tear	tore	torn	reißen

tell	told	told	erzählen
think	thought	thought	denken
thrive	throve	thriven	a. gedeihen b. blühen
throw	threw	thrown	werfen
thrust	thrust	thrust	stechen, stoßen (mit einem Messer)
tread	trod	trodden	treten, betreten, laufen
understand	understood	understood	verstehen
undersell	undersold	undersold	unterbieten / unter Wert verkaufen
undertake	undertook	undertaken	(Aufgabe) übernehmen
wake	woke	woken	(auf)wachen
wear	wore	worn	tragen (Kleidungsstück)
weave	wove	woven	weben, flechten
weep	wept	wept	weinen
win	won	won	gewinnen
wind	wound	wound	winden, wickeln, schlängeln,
withdraw	withdrew	withdrawn	zurückziehen
wring	wrung	wrung	(aus)wringen
write	wrote	written	schreiben

Wichtige Adjektive

ängstlich - anxious ['æŋkʃəs]
anständig - respectable, decent [rɪ'spektəbl | 'di:snt]
anziehend - attractive [ə'træktɪv]
ärgerlich - annoying [ə'nɔɪɪŋ]
aufgeregt - excited [ɪk'saɪtɪd]
ausgezeichnet - excellent ['eksələnt]
bescheiden - modest ['mɔdɪst]
bezaubernd - charming ['tʃɑ:mɪŋ]
böse - wicked, evil ['wɪkɪd | 'i:vl]
dankbar - grateful, thankful ['greɪtfəl | 'θæŋkfəl]
dumm - stupid ['stju:pɪd]
ehrgeizig - ambitious [æm'bɪʃəs]
ehrlich - honest ['ɔnɪst]
eifersüchtig - jealous ['dʒeləs]
eifrig - eager ['i:gə]
einfach - plain [pleɪn]
entschlossen - resolute ['rezəlu:t]
erfahren - experienced [ɪk'spɪərɪənst]
erfolgreich - successful [sək'sesfəl]
ernst - serious, grave ['sɪərɪəs | greɪv]
fleißig - diligent ['dɪlɪdʒənt]
frech - impudent ['ɪmpjʊdənt]
freundlich - friendly ['frendlɪ]
froh - glad [glæd]
geistreich - brilliant ['brɪlɪənt]
geizig - mean [mi:n]
gemäßigt - moderate ['mɔdəreɪt]
gierig - greedy ['gri:dɪ]
gleichgütig - indifferent [ɪn'dɪfrənt]
glücklich - happy, lucky ['hæpɪ | 'lʌkɪ]
grob - coarse, rude [kɔ:s | ru:d]
häßlich - ugly ['ʌglɪ]
heftig - violent ['vaɪələnt]
hervorragend - excellent ['eksələnt]
hilflos - helpless ['helpləs]
hilfsbereit - helpful ['helpfəl]

höflich - polite [pə'laɪt]
hübsch - pretty, nice ['prɪtɪ | naɪs]
jugendlich - youthful ['ju:θfəl]
klug - intelligent [ɪn'telɪdʒənt]
lächerlich - ridiculous [rɪ'dɪkjʊləs]
langsam - slow [sloʊ]
langweilig - boring ['bɔ:rɪŋ]
liebevoll - loving, affectionate ['lʌvɪŋ | ə'fekʃənət]
lustig - cheerful, merry, gay ['tʃɪəfəl | 'merɪ | geɪ]
mitfühlend - sympathetic [ˌsɪmpə'θetɪk]
müde - tired ['taɪəd]
nervös - nervous ['nɜ:vəs]
nett - nice, kind [naɪs | kaɪnd]
neugierig - curious ['kjʊərɪəs]
oberflächlich - superficial, shallow [ˌsu:pə'fɪʃl | 'ʃæloʊ]
offen - frank, candid [fræŋk | 'kændɪd]
pünktlich - punctual ['pʌŋktʃʊəl]
rein - pure, clean [pjʊə | kli:n]
ruhig - calm, quiet, silent [kɑ:m | 'kwaɪət | 'saɪlənt]
schlau - cunning ['kʌnɪŋ]
schnell - fast [fɑ:st]
schön - beautiful ['bju:təfl]
schüchtern - shy [ʃaɪ]
schwach - weak [wi:k]
seltsam - strange, odd [streɪndʒ | ɔd]
sorgfältig - careful ['keəfʊl]
spaßig - funny ['fʌnɪ]
traurig - sad [sæd]
treu - faithful ['feɪθfəl]
überrascht - surprised [sə'praɪzd]
undankbar - ungrateful [ʌn'greɪtfəl]
ungebildet - uneducated [ʌn'edʒʊkeɪtɪd]
ungerecht - unjust, unfair [ʌn'dʒʌst | ˌʌn'feə]
unglücklich - unhappy [ʌn'hæpɪ]
verrückt - mad, crazy [mæd | 'kreɪzɪ]
vorsichtig - careful, prudent ['keəfʊl | 'pru:dnt]
weich - soft [sɔft]
weise - wise [waɪz]
wütend - furious ['fjʊərɪəs]
zäh - stubborn, tough ['stʌbən | tʌf]
zufrieden - content [kən'tent]
zuverlässig - reliable [rɪ'laɪəbl]

Körperliche Eigenschaften

groß - big [bɪg]
klein - small oder little [smɔ:l | 'lɪtl]
schnell - fast [fɑ:st]
langsam - slow [sloʊ]
gut - good [gʊd]
schlecht - bad [bæd]
teuer - expensive [ɪk'spensɪv]
billig - cheap [tʃi:p]
dick - thick [θɪk]
dünn - thin [θɪn]
eng - narrow ['næroʊ]
breit - wide [waɪd], broad [brɔ:d]
laut - loud [laʊd]
leise - quiet ['kwaɪət]
intelligent - intelligent [ɪn'telɪdʒənt]
dumm - stupid ['stju:pɪd]
nass - wet [wet]
trocken - dry [draɪ]
schwer - heavy ['hevɪ]
leicht - light [laɪt]
hart - hard [hɑ:d]
weich - soft [sɔft]
flach, seicht - shallow ['ʃæloʊ]
tief - deep [di:p]
leicht - easy ['i:zɪ]
schwierig - difficult ['dɪfɪkəlt]
schwach - weak [wi:k]
stark - strong [strɔŋ]
reich - rich [rɪtʃ]
arm - poor [pʊə]

jung - young [jʌŋ]
alt - old [oʊld]
lang - long ['lɔŋ]
kurz - short [ʃɔ:t]
hoch - high [haɪ]
tief - low [loʊ]
großzügig - generous ['dʒenərəs]
geizig - mean [mi:n]
richtig - true [tru:]
falsch - false ['fɔ:ls]
schön - beautiful ['bju:təfl]
hässlich - ugly ['ʌglɪ]
neu - new [nju:]
alt - old [oʊld]
fröhlich, glücklich - happy ['hæpɪ]
traurig - sad [sæd]

Gegenteile

sicher - safe [seɪf]
gefährlich - dangerous ['deɪndʒərəs]
früh - early ['ɜ:lɪ]
spät - late [leɪt]
hell - light [laɪt]
dunkel - dark [dɑ:k]
offen, geöffnet - open ['oʊpən]
geschlossen, zu - closed oder shut [kloʊzd | ʃʌt]
stramm, fest - tight [taɪt]
locker - loose [lu:s]
voll - full [fʊl]
leer - empty ['emptɪ]
viele - many ['menɪ]
wenige - few [fju:]
lebendig - alive [ə'laɪv]
tot - dead [ded]
heiß - hot [hɔt]
kalt - cold [koʊld]
interessant - interesting ['ɪntrəstɪŋ]
langweilig - boring ['bɔ:rɪŋ]
glücklich - lucky ['lʌkɪ]
unglücklich - unlucky [ʌn'lʌkɪ]
wichtig - important [ɪm'pɔ:tnt]
unwichtig - unimportant [ˌʌnɪm'pɔ:tnt]
richtig - right [raɪt]
falsch - wrong [rɔŋ]
weit - far ['fɑ:]
nah - near [nɪə]
sauber - clean [kli:n]
schmutzig - dirty ['dɜ:tɪ]
nett - nice [naɪs]
gemein - nasty ['nɑ:stɪ]
angenehm - pleasant ['pleznt]
unangenehm - unpleasant [ʌn'pleznt]
ausgezeichnet - excellent ['eksələnt]
schrecklich - terrible ['terəbl]
fair - fair [feə]
unfair - unfair [ˌʌn'feə]
normal - normal ['nɔ:ml]
anormal - abnormal [æb'nɔ:ml]

Wörterbuch Englisch-Deutsch

a bit, a little [ə bɪt | ə 'lɪtəl] - ein bisschen
a few, some [ə fju: | sʌm] - einige
a little piece [ə 'lɪtəl pi:s] - ein Stückchen
about [ə'baʊt] - über
accommodation, apartment [əˌkɔmə'deɪʃən | ə'pɑ:tmənt] - die Unterkunft, die Wohnung
accompany [ə'kʌmpənɪ] - begleiten
across from [ə'krɔs frɔm] - gegenüber
act, to work [ækt | tə 'wɜ:k] - funktionieren
active ['æktɪv] - aktiv
add [æd] - (hin)zufügen
address [ə'dres] - die Adresse
adventure [əd'ventʃə] - das Abenteuer
after ['ɑ:ftə] - nach
afterwards, then ['ɑ:ftəwədz | ðen] - dann
age [eɪdʒ] - das Alter
agency ['eɪdʒənsɪ] - die Agentur, das Büro
agent ['eɪdʒənt] - der Vertreter, der Agent
agree [ə'gri:] - zustimmen
airplane ['eəpleɪn] - das Flugzeug
airport ['eəpɔ:t] - der Flughafen
aisle (in a store), section [aɪl ɪn ə stɔ: | 'sekʃən] - die Abteilung
alcoholic [ˌælkə'hɔlɪk] - Alkohol-
all [ɔ:l] - alles
along [ə'lɔŋ] - entlang
already [ɔ:l'redɪ] - schon
also, too ['ɔ:lsoʊ | tu:] - auch
always ['ɔ:lweɪz] - immer
among [ə'mʌŋ] - unter
and [ænd] - und
animal ['ænɪməl] - das Tier
announcement, ad [ə'naʊnsmənt | æd] - die Anzeige
answer ['ɑ:nsə] - antworten
any, some ['enɪ | sʌm] - irgendwelcher
apartment, flat [ə'pɑ:tmənt | flæt] - die Wohnung
apple ['æpəl] - der Apfel
approach [ə'proʊtʃ] - herangehen, sich nähern
area, site ['eərɪə | saɪt] - die Parzelle
armchair ['ɑ:mtʃeə] - der Sessel
around [ə'raʊnd] - (rund) um
arrange, to make an appointment [ə'reɪndʒ | tə 'meɪk ən ə'pɔɪntmənt] - sich verabreden
arrive, get to [ə'raɪv | 'get tu:] - erreichen
ask [ɑ:sk] - fragen
at, near [æt | nɪə] - bei, an
at home [ət hoʊm] - zu Hause
auditorium, class-room [ˌɔ:dɪ'tɔ:rɪəm | 'klæsru:m] - der Hörsaal
automobile, car ['ɔ:təmoʊˌbi:l | kɑ:] - das Auto, der Wagen
back ['bæk] - zurück
baggage ['bægɪdʒ] - das Gepäck
baloney, kielbasa, sausage [bə'loʊnɪ | kɪl'bɑ:sə | 'sɔsɪdʒ] - die Wurst
banana [bə'nɑ:nə] - die Banane
bank [bæŋk] - die Bank
bar [bɑ:] - die Bar, die Gaststätte
basket ['bɑ:skɪt] - der Korb
basketball ['bɑ:skɪtbɔ:l] - der Basketball
bathroom ['bɑ:θru:m] - das Badezimmer, das Bad, die Toilette
bathtub ['bɑ:θtʌb] - die Badewanne
be (located) [bɪ loʊ'keɪtɪd] - sich befinden
be [bɪ] - sein
be able to, can [bɪ 'eɪbəl tu: | kæn] - können
be born [bɪ bɔ:n] - geboren sein
be enough [bɪ ɪ'nʌf] - genug sein
be left, to stay [bɪ left | tə steɪ] - bleiben
be necessary, to need to [bɪ 'nesəsərɪ | tə ni:d tu:] - brauchen
be sick [bɪ sɪk] - krank sein
be sold [bɪ soʊld] - verkauft werden
beach [bi:tʃ] - der Strand
because [bɪ'kɔz] - weil
become [bɪ'kʌm] - werden
become [bɪ'kʌm] - werden
bed [bed] - das Bett
before, earlier [bɪ'fɔ: | 'ɜ:lɪə] - früher
beginning [bɪ'gɪnɪŋ] - der Anfang
behind, for [bɪ'haɪnd | fɔ:] - hinter
beige [beɪʒ] - beigefarben, beige
bell, ring [bel | rɪŋ] - die Klingel
better ['betə] - besser
between [bɪ'twi:n] - zwischen
big [bɪg] - groß
bill [bɪl] - die Rechnung
biology [baɪ'ɔlədʒɪ] - die Biologie
bird [bɜ:d] - der Vogel

black [blæk] - schwarz
blender ['blendə] - der Blender
blue [blu:] - blau
board [bɔ:d] - das Brett
boil, to brew [bɔɪl | tə bru:] - kochen, sieden
book [bʊk] - das Buch
bottle ['bɔtəl] - die Flasche
boulevard ['bu:ləvɑ:d] - der Boulevard
box [bɔks] - die Schachtel, die Kiste
bread [bred] - das Brot
bread roll, bun [bred roʊl | bʌn] - das Brötchen
break [breɪk] - die Pause
breakfast ['brekfəst] - das Frühstück
bridge [brɪdʒ] - die Brücke
bright [braɪt] - hell
bring, to carry [brɪŋ | tə 'kærɪ] - hinbringen
brother ['brʌðə] - der Bruder
brown [braʊn] - braun
brush [brʌʃ] - die Bürste
Brussels ['brʌsəlz] - Brüssel
burn [bɜ:n] - brennen
bus [bʌs] - der Bus
busy ['bɪzɪ] - beschäftigt
but, while, and [bʌt | waɪl | ænd] - aber, doch, und
buy [baɪ] - kaufen
cabbage ['kæbɪdʒ] - der Kohl
cafe ['kæfeɪ] - das Café
cake, dessert [keɪk | dɪ'zɜ:t] - das Dessert, der Nachtisch
call (by phone) [kɔ:l baɪ foʊn] - anrufen; call, to name [kɔ:l | tə 'neɪm] - rufen, nennen
calm(ly) [kɑ:m 'laɪ] - ruhig
car service [kɑ: 'sɜ:vɪs] - der Autoservice
careful ['keəfʊl] - sorgfältig
carefully, attentively ['keəfəlɪ | ə'tentɪvlɪ] - aufmerksam
carpet ['kɑ:pɪt] - der Teppich
carrot ['kærət] - die Karotte
carry ['kærɪ] - tragen
cash [kæʃ] - das Bargeld
cashier, teller [kæ'ʃɪə | 'telə] - der Kassierer
cat [kæt] - die Katze
ceiling ['si:lɪŋ] - die Decke
center ['sentə] - das Zentrum
central ['sentrəl] - zentral
chair [tʃeə] - der Stuhl
chalk [tʃɔ:k] - die Kreide
chandelier [ʃændə'lɪə] - der Kronleuchter
checkout, cash register ['tʃekaʊt | kæʃ 'redʒɪstə] - die Kasse
cheese [tʃi:z] - der Käse
chicken ['tʃɪkɪn] - das Hühnchen
chickens ['tʃɪkɪnz] - die Hühner
child [tʃaɪld] - das Kind
choose [tʃu:z] - wählen
cinema, movie theater ['sɪnəmə | 'mu:vɪ 'θi:ətə] - das Kino
city ['sɪtɪ] - die Stadt
city square ['sɪtɪ skweə] - der Platz
classes ['klɑ:sɪz] - das Unterricht, der Unterricht, die Kurse, die Fächer
clean [kli:n] - reinigen, sauber, sauber machen; clean, to tidy up [kli:n | tə 'taɪdɪ ʌp] - aufräumen
clinic ['klɪnɪk] - die Klinik
clothing, robe ['kloʊðɪŋ | roʊb] - die Kleidung
club [klʌb] - der Klub
coffee ['kɔfɪ] - der Kaffee
coffee table ['kæfɪ 'teɪbəl] - das Tischlein
coffeemaker ['kɔfɪˌmekə] - die Kaffeemaschine
cold [koʊld] - kalt, kühl
collect, to gather [kə'lekt | tə 'gæðə] - sammeln
collection [kə'lekʃən] - die Sammlung
color ['kʌlər] - die Farbe
comedy ['kɔmədɪ] - die Komödie
comfortable ['kʌmftəbəl] - bequem
commercial, advertisement [kə'mɜ:ʃəl | əd'vɜ:tɪsmənt] - die Werbung
computer [kəm'pju:tə] - der Computer
consultant [kən'sʌltənt] - der Berater
continue [kən'tɪnju:] - weitermachen
cookie ['kʊkɪ] - der Keks, das Törtchen
corner ['kɔ:nə] - die Ecke
cost [kɔst] - kosten
country ['kʌntrɪ] - das Land
cozy, comfortable ['koʊzɪ | 'kʌmftəbəl] - gemütlich
cry [kraɪ] - weinen
cucumber ['kju:kʌmbə] - die Gurke
cup [kʌp] - die Tasse

cupboard, wardrobe, bookcase ['kʌbəd | 'wɔ:droʊb | 'bʊk keɪs] - der Schrank, das Regal
cut [kʌt] - schneiden
cut off [kʌt ɔf] - abschneiden
Dad [dæd] - der Papa
dairy, milk ['deərɪ | mɪlk] - die Milch
dark [dɑ:k] - dunkel
data, information ['deɪtə | ˌɪnfə'meɪʃən] - die Angaben
day [deɪ] - der Tag
dean's office ['di:nz 'ɔfɪs] - das Dekanat
decide [dɪ'saɪd] - entscheiden
decision [dɪ'sɪʒən] - der Entschluss, die Entscheidung
dentist ['dentɪst] - der Zahnarzt
design [dɪ'zaɪn] - das Design
detective [dɪ'tektɪv] - der Detektiv
different, various ['dɪfrənt | 'veərɪəs] - verschieden
dining room ['daɪnɪŋ ru:m] - das Speisezimmer
direction [dɪ'rekʃən] - die Richtung
dirty ['dɜ:tɪ] - schmutzig
discuss [dɪ'skʌs] - besprechen
dish [dɪʃ] - die Speise, das Gericht
dishes ['dɪʃɪz] - das Geschirr
display, to set out [dɪ'spleɪ | tə set 'aʊt] - auslegen
do (finish) [də 'fɪnɪʃ] - machen, schaffen; do, carry out [du: | 'kærɪ 'aʊt] - machen
doctor, physician ['dɔktə | fɪ'zɪʃən] - der Arzt
dog [dɔg] - der Hund
door [dɔ:] - die Tür
drawer, box [drɔ: | bɔks] - die Schublade
drier ['draɪə] - der Trockner, der Fön (für die Haare)
drink [drɪŋk] - das Getränk, trinken
drive, to transport [draɪv | tə træns'pɔ:t] - fahren
drive out [draɪv 'aʊt] - ausfahren
driver ['draɪvə] - der Fahrer
driving license ['draɪvɪŋ 'laɪsns] - Führerschein
drugstore ['drʌgstɔ:] - die Apotheke
Dutch [dʌtʃ] - niederländisch
Dutchman ['dʌtʃmən] - der Niederländer
earn [ɜ:n] - verdienen
earth, ground, soil [ɜ:θ | graʊnd | sɔɪl] - die Erde, der Boden
eat [i:t] - essen
education [ˌedʒʊ'keɪʃən] - die Ausbildung, die Erziehung
egg [eg] - das Ei
eight [eɪt] - acht
eight hundred [eɪt 'hʌndrəd] - achthundert
eighteen [ˌeɪ'ti:n] - achtzehn
elevator ['elɪveɪtə] - der Aufzug
employment, job [ɪm'plɔɪmənt | dʒɔb] - die Anstellung, die Beschäftigung
empty ['emptɪ] - leer
England ['ɪŋglənd] - England
English ['ɪŋglɪʃ] - Englisch
Englishwoman ['ɪŋglɪʃwʊmən] - die Engländerin
enter ['entə] - (her)einkommen
enter into a contract ['entər 'ɪntə ə 'kɔntrækt] - einen Vertrag schließen
entry, entrance ['entrɪ | ɪn'trɑ:ns] - der Eingang
Euro ['jʊəroʊ] - der Euro
evening ['i:vənɪŋ] - der Abend
every ['evrɪ] - jeder
everything ['evrɪθɪŋ] - alles
excellent ['eksələnt] - herrlich
exit ['eksɪt] - der Ausgang
expensive [ɪk'spensɪv] - teuer
experience [ɪk'spɪərɪəns] - die Erfahrung
explain [ɪk'spleɪn] - erklären
family ['fæməlɪ] - die Familie
far (away), at a long distance ['fɑ:r ə'weɪ | ət ə 'lɔŋ 'dɪstəns] - weit
father ['fɑ:ðə] - der Vater
faucet, tap ['fɔ:sɪt | tæp] - der Wasserhahn
feel [fi:l] - fühlen
fifteen [ˌfɪf'ti:n] - fünfzehn
fill out [fɪl 'aʊt] - ausfüllen
filled out [fɪld 'aʊt] - ausgefüllt
film [fɪlm] - der Film
find [faɪnd] - finden
fireplace ['faɪəpleɪs] - der Kamin
first ['fɜ:st] - erster
fish [fɪʃ] - der Fisch
five [faɪv] - fünf
flakes, cereal [fleɪks | 'sɪərɪəl] - die Cerealien
flight [flaɪt] - der Flug

floor, storey [flɔ: | 'stɔ:rɪ] - der Fußboden, die Etage
flower ['flaʊə] - die Blume
fly [flaɪ] - fliegen
following, next ['fɔloʊɪŋ | nekst] - nächster
food [fu:d] - das Essen
for [fɔ:] - für
fork [fɔ:k] - die Gabel
formula ['fɔ:mjʊlə] - die Formel
forty ['fɔ:tɪ] - vierzig
fountain ['faʊntɪn] - der Springbrunnen, die Fontäne
four [fɔ:] - vier
fourth ['fɔ:θ] - vierter
Frank [fræŋk] - Frank
free [fri:] - frei
free(ly), fluently [fri: 'laɪ | 'flu:əntlɪ] - fließend
French [frentʃ] - Französisch
Friday ['fraɪdeɪ] - der Freitag
friend ['frend] - der Freund / die Freundin
from, out of [frɔm | 'aʊt ɔv] - aus, von
from the beginning [frəm ðə bɪ'gɪnɪŋ] - vom Anfang an
from where [frəm weə] - woher
fruit [fru:t] - das Obst
full [fʊl] - voll
funny ['fʌnɪ] - lustig
furniture ['fɜ:nɪtʃə] - die Möbel
further ['fɜ:ðə] - weiter
game [geɪm] - das Spiel
garage ['gærɑ:ʒ] - die Garage
garden ['gɑ:dən] - der Garten
gas [gæs] - das Gas
gather together ['gæðə tə'geðə] - sich versammeln
geography [dʒɪ'ɔgrəfɪ] - die Geographie, die Erdkunde
German ['dʒɜ:mən] - Deutsch
get (something) ['get 'sʌmθɪŋ] - bekommen
get, to reach, to take something out ['get | tə ri:tʃ | tə teɪk 'sʌmθɪŋ 'aʊt] - bekommen, nach etwas greifen
get a job ['get ə dʒɔb] - einen Job finden
get acquainted, to learn ['get ə'kweɪntɪd | tə lɜ:n] - kennenlernen
get dressed ['get drest] - sich ankleiden
get sick ['get sɪk] - krank werden, erkranken
get tired ['get 'taɪəd] - müde werden
get treated ['get 'tri:tɪd] - behandelt werden
get up ['get ʌp] - aufstehen
girl [gɜ:l] - das Mädchen
give [gɪv] - geben
give in, return [gɪv ɪn | rɪ'tɜ:n] - zurückgeben, abgeben
glass ['glɑ:s] - das Glas
glasses ['glɑ:sɪz] - die Brille
go, to walk [goʊ | tə wɔ:k] - gehen
go into [goʊ 'ɪntə] - eingehen
go out, get out [goʊ 'aʊt | 'get 'aʊt] - (hin)ausgehen
go up, to ascend, to rise [goʊ ʌp | tʊ ə'send | tə raɪz] - steigen
go/ride away [goʊ raɪd ə'weɪ] - wegfahren
good [gʊd] - gut
grab [græb] - greifen
grandfather, old man ['grænfɑ:ðə | oʊld mæn] - der Opa, der alte Mann
grandmother, old woman ['græn ˌmʌðə | oʊld 'wʊmən] - die Oma, die alte Frau
grape(s) [greɪp 'es] - die Traube(n)
gray [greɪ] - grau
Great Britain ['greɪt 'brɪtən] - Großbritannien
green ['gri:n] - grün
greenery ['gri:nərɪ] - die Grünfläche
grocery ['groʊsərɪ] - das Lebensmittelgeschäft
grow [groʊ] - wachsen
guest [gest] - der Gast
half [hɑ:f] - die Hälfte
hall, auditorium [hɔ:l | ˌɔ:dɪ'tɔ:rɪəm] - der Flur, der Saal, die Halle
hamburger ['hæmbɜ:gə] - der Hamburger
hand [hænd] - die Hand
handle ['hændəl] - der Griff
hang [hæŋ] - hängen
have, to own [hæv | tʊ oʊn] - haben
have breakfast [həv 'brekfəst] - frühstücken, Frühstück essen
have lunch [həv 'lʌntʃ] - zu Mittag essen
have to, to be obliged [həv tu: | tə bɪ ə'blaɪdʒd] - sollen
he/she/it [hɪ ʃɪ ɪt] - er/sie/es
head [hed] - gehen
hello [hə'loʊ] - Hallo

help [help] - helfen
here (direction) [hɪə dɪ'rekʃən] - hier(her)
hi, hello [haɪ | hə'loʊ] - Hallo
high [haɪ] - hoch
highway ['haɪweɪ] - die Autobahn
hill, mountain [hɪl | 'maʊntɪn] - der Berg
him, his [hɪm | hɪz] - ihn, sein
history ['hɪstrɪ] - die Geschichte
homeward ['hoʊmwəd] - nach Hause
honey ['hʌnɪ] - der Honig
hot [hɔt] - heiß
hotel [ˌhoʊ'tel] - das Hotel
hour ['aʊə] - die Stunde
house ['haʊs] - das Haus
house/home ['haʊs hoʊm] - das Haus
how ['haʊ] - wie
how many years ['haʊ mənɪ 'jɪəz] - wie viele Jahre
how much ['haʊ 'mʌtʃ] - wieviel
I ['aɪ] - ich
ice cream [aɪs kri:m] - das Eis
in, into [ɪn | 'ɪntə] - in
in order to, so that [ɪn 'ɔ:də tu: | 'soʊ ðæt] - so dass
in the evening [ɪn ðɪ 'i:vənɪŋ] - abends, am Abend
in the middle [ɪn ðə 'mɪdəl] - in der Mitte
indicate ['ɪndɪkeɪt] - anzeigen, andeuten
indicated ['ɪndɪkeɪtɪd] - angezeigt
inexpensive [ˌɪnɪk'spensɪv] - nicht teuer, preisgünstig
information [ˌɪnfə'meɪʃən] - die Auskunft
inside [ɪn'saɪd] - innen, drinnen
insurance [ɪn'ʃʊərəns] - die Versicherung
interesting ['ɪntrəstɪŋ] - interessant
invite [ɪn'vaɪt] - einladen
Italian (person) [ɪ'tæljən 'pɜ:sən] - der Italiener
Italy ['ɪtəlɪ] - Italien
juice [dʒu:s] - der Saft
key [ki:] - der Schlüssel
kiosk ['ki:ɔsk] - der Kiosk
kitchen ['kɪtʃɪn] - die Küche
knife [naɪf] - das Messer
knock [nɔk] - klopfen
know [noʊ] - kennen
lake [leɪk] - der See
lamp [læmp] - die Lampe
language / tongue ['læŋgwɪdʒ tʌŋ] - die Sprache / die Zunge
laptop ['læptɔp] - der Laptop
last name [lɑ:st 'neɪm] - der Familienname
laugh [lɑ:f] - lachen
laundromat, launderette ['lɔndrəˌmæt | lɔ:n'dret] - die Selbstbedienungswäscherei
laundry, underwear, linen ['lɔ:ndrɪ | 'ʌndəweə | 'lɪnɪn] - die Wäsche, die Unterwäsche
lawyer ['lɔ:jə] - der (Rechts)anwalt
lead, to drive [li:d | tə draɪv] - führen, leiten
leather ['leðə] - das Leder
lemon ['lemən] - die Zitrone
librarian [laɪ'breərɪən] - der Bibliothekar
library ['laɪbrərɪ] - die Bibliothek, die Bücherei
lie [laɪ] - liegen
life [laɪf] - das Leben
light [laɪt] - das Licht; leicht
like, to appeal ['laɪk | tʊ ə'pi:l] - gefallen
like this, so ['laɪk ðɪs | 'soʊ] - so
line, queue [laɪn | kju:] - die Schlange
listen to ['lɪsən tu:] - hören
liter ['li:tə] - der Liter
little, few ['lɪtəl | fju:] - wenig
little rug, mat ['lɪtəl rʌg | mæt] - der Läufer, der Bettvorleger
little table ['lɪtəl 'teɪbəl] - das Tischlein
live [laɪv] - leben
living room ['lɪvɪŋ ru:m] - das Wohnzimmer
loader, stevedore ['loʊdə | 'sti:vədɔ:] - der Transportarbeiter, der Packer
long, for a long time ['lɔŋ | fər ə 'lɔŋ 'taɪm] - lange
look (like) [lʊk 'laɪk] - aussehen
love ['lʌv] - die Liebe, lieben
lunch ['lʌntʃ] - das Mittagsessen
machine [mə'ʃi:n] - die Maschine
magazine [ˌmægə'zi:n] - die Zeitschrift
make ['meɪk] - machen
male [meɪl] - männlich
man [mæn] - der Mann
manager, head ['mænɪdʒə | hed] - der Leiter, der Chef
many, a lot ['menɪ | ə lɔt] - viele
map [mæp] - die Landkarte
married ['mærɪd] - verheiratet

maybe ['meɪbi:] - vielleicht
meat [mi:t] - das Fleisch
mechanic [mɪ'kænɪk] - der Mechaniker
meet [mi:t] - treffen
memorial, monument [mɪ'mɔ:rɪəl | 'mɔnjʊmənt] - das Denkmal
metal ['metəl] - metallen, Metall-
metro, subway ['metroʊ | 'sʌbweɪ] - die U-Bahn
microwave ['maɪkrəweɪv] - die Mikrowelle
milk [mɪlk] - das Milch
minibus ['mɪnɪbʌs] - der Minibus
minute ['mɪnju:t] - die Minute
mirror ['mɪrə] - der Spiegel
mixer ['mɪksə] - der Mixer
Mom [mɔm] - die Mutter, Mama
money ['mʌnɪ] - das Geld
month [mʌnθ] - der Monat
more, still [mɔ: | stɪl] - mehr, noch
morning ['mɔ:nɪŋ] - der Morgen
motorcycle, motorbike ['moʊtəsaɪkəl | 'moʊtəbaɪk] - das Motorrad
move (to change address) [mu:v tə tʃeɪndʒ ə'dres] - umziehen; move [mu:v] - sich bewegen
museum [mju:'zɪəm] - das Museum
mushroom ['mʌʃrʊm] - der Pilz
my (mine) [maɪ maɪn] - mein
name ['neɪm] - der Name
napkin ['næpkɪn] - die Serviette
Naples ['neɪpəlz] - Neapel
national ['næʃnəl] - national
nationality [ˌnæʃə'nælɪtɪ] - die Nationalität
near [nɪə] - nah, in der Nähe
necessary ['nesəsərɪ] - nötig, notwendig
neighbor ['neɪbə] - der Nachbar
never ['nevə] - nie(mals)
new [nju:] - neu
newspaper ['nju:speɪpə] - die Zeitung
next to, near [nekst tu: | nɪə] - neben
nine [naɪn] - neun
nineteen [ˌnaɪn'ti:n] - neunzehn
no; there isn't, there aren't [noʊ | ðər 'ɪznt | ðər ɑ:nt] - nein; es gibt kein(e/en)
noisily ['nɔɪzɪlɪ] - laut
noisy ['nɔɪzɪ] - laut
normally, usually ['nɔ:məlɪ | 'ju:ʒəlɪ] - normalerweise
not [nɔt] - nicht
not big [nɔt bɪg] - nicht groß
not far [nɔt 'fɑ:] - nicht weit
not long ago, recently [nɔt 'lɔŋ ə'goʊ | 'ri:səntlɪ] - letztens, kürzlich
not new [nɔt nju:] - nicht neu
not tall [nɔt tɔ:l] - nicht groß
notebook, copybook ['noʊtbʊk | 'kɔpɪbʊk] - das Heft
now [naʊ] - jetzt
number ['nʌmbə] - die Nummer
nursery ['nɜ:sərɪ] - Kinderkrippe
occupy ['ɔkjʊpaɪ] - (Platz) nehmen
ocean ['oʊʃən] - der Ozean
of course [əv kɔ:s] - natürlich
office ['ɔfɪs] - das Büro
often ['ɔfən] - oft
old [oʊld] - alt
older ['oʊldə] - älter
on [ɔn] - auf
on foot [ɔn fʊt] - zu Fuß
on the left [ɔn ðə left] - links
on the right [ɔn ðə raɪt] - rechts
on top of, over, above [ɔn tɔp ɔv | 'oʊvə | ə'bʌv] - obere
one [wʌn] - ein
one and a half [wʌn ənd ə hɑ:f] - anderthalb
only, just ['oʊnlɪ | dʒəst] - nur
open ['oʊpən] - öffnen, aufmachen
or [ɔ:] - oder
orange ['ɔrɪndʒ] - die Orange
order ['ɔ:də] - bestellen
other ['ʌðə] - andere(r/s)
our(s) ['aʊər 'es] - unser
outside [ˌaʊt'saɪd] - draußen
over, along ['oʊvə | ə'lɔŋ] - über
owner ['oʊnə] - der Wirt
package ['pækɪdʒ] - das Päckchen
packet ['pækɪt] - das Paket
page [peɪdʒ] - die Seite
pair [peə] - das Paar
paper ['peɪpə] - das Papier
parents ['peərənts] - die Eltern
park [pɑ:k] - der Park
part-time ['pɑ:t taɪm] - Teilzeit-; part-time job ['pɑ:t taɪm dʒɔb] - die Teilzeitarbeit
pass [pɑ:s] - vergehen
passage; fare ['pæsɪdʒ | feə] - die Fahrt

passport ['pɑːspɔːt] - der Pass
past, near [pɑːst | nɪə] - vorbei, neben
pasta, macaroni ['pæstə | ˌmækə'rounɪ] - die Nudeln
path, way [pɑːθ | 'weɪ] - der Weg
pay [peɪ] - (be)zahlen
peace; world [piːs | wɜːld] - der Frieden; die Welt
peach [piːtʃ] - der Pfirsich
pencil ['pensəl] - der Bleistift
people ['piːpəl] - die Leute
period ['pɪərɪəd] - die Periode
person ['pɜːsən] - die Person, der Mensch
personal ['pɜːsənəl] - persönlich
phone [foʊn] - das Telefon
photograph ['foʊtəgrɑːf] - das Foto
physical work ['fɪzɪkəl 'wɜːk] - die Handarbeit
physics ['fɪzɪks] - die Physik
pick up, to take away [pɪk ʌp | tə teɪk ə'weɪ] - wegnehmen
picture ['pɪktʃə] - das Bild
piece [piːs] - das Stück
pillow ['pɪloʊ] - das Kissen
pineapple ['paɪnæpəl] - die Ananas
pizza ['piːtsə] - die Pizza
place ['pleɪs] - der Ort, der Platz
placement, employment ['pleɪsmənt | ɪm'plɔɪmənt] - die Anstellung
plastic ['plæstɪk] - der Kunststoff
plate [pleɪt] - der Teller
play ['pleɪ] - spielen
police [pə'liːs] - die Polizei
policeman [pə'liːsmən] - der Polizist
polyethylene, plastic [ˌpɔlɪ'eθəliːn | 'plæstɪk] - Polyethylen, das Plastik, der Kunststoff
possible ['pɔsəbəl] - möglich
post office [poʊst 'ɔfɪs] - das Postamt
potato chips [pə'teɪtoʊ tʃɪps] - die Chips
pour (something fluid) [pɔː 'sʌmθɪŋ 'fluːɪd] - gießen; pour (something loose) [pɔː 'sʌmθɪŋ luːs] - schütten
pour in [pɔːr ɪn] - (ein)gießen
prepare, to cook [prɪ'peə | tə kʊk] - zubereiten
prepare oneself [prɪ'peə wʌn'self] - sich vorbereiten
pretty, beautiful ['prɪtɪ | 'bjuːtəfəl] - schön
price [praɪs] - der Preis
probably ['prɔbəblɪ] - wahrscheinlich
products, food ['prɔdʌkts | fuːd] - die Lebensmittel
profession [prə'feʃən] - der Beruf, das Fach
professional [prə'feʃnəl] - professionell
promise ['prɔmɪs] - versprechen
purple ['pɜːpəl] - purpurrot
purse, bag [pɜːs | bæg] - die Tasche
put (down) ['pʊt daʊn] - legen; put (vertically) ['pʊt 'vɜːtɪkəlɪ] - stellen, legen
put on ['pʊt ɔn] - anziehen
questionnaire [ˌkwestʃə'neə] - der Fragebogen
quickly ['kwɪklɪ] - schnell
quiet ['kwaɪət] - still
quietly ['kwaɪətlɪ] - still, leise
rack, stand [ræk | stænd] - der Stand
radio ['reɪdɪoʊ] - der Rundfunk, das Radio
rain [reɪn] - der Regen
raw [rɔː] - roh
reach [riːtʃ] - greifen
read [riːd] - lesen
ready, prepared ['redɪ | prɪ'peəd] - fertig
real estate [rɪəl ɪ'steɪt] - die Immobilie, das Grundbesitz
receipt [rɪ'siːt] - die Rechnung
red [red] - rot
refrigerator [rɪ'frɪdʒəreɪtə] - der Kühlschrank
refuse [rɪ'fjuːz] - ablehnen, absagen
renovation, repairs [ˌrenə'veɪʃən | rɪ'peəz] - die Renovierung
rest, to relax [rest | tə rɪ'læks] - sich ausruhen, sich erholen
restaurant ['restrɔnt] - das Restaurant
return [rɪ'tɜːn] - zurückgeben, zurückkehren
rice [raɪs] - der Reis
ride, to go [raɪd | tə goʊ] - fahren
right away [raɪt ə'weɪ] - sofort, auf der Stelle
rights [raɪts] - die Rechte
river ['rɪvə] - der Fluss
road [roʊd] - der Weg
roof [ruːf] - das Dach
room [ruːm] - das Zimmer
rose [roʊz] - die Rose
roughly, approximately ['rʌflɪ | ə'prɔksɪmətlɪ] - ungefähr

round ['raʊnd] - rund
rubber ['rʌbə] - der Gummi
rule [ru:l] - die Regel
ruler ['ru:lə] - das Lineal
run [rʌn] - laufen
salmon ['sæmən] - der Lachs
sandwich ['sænwɪdʒ] - das belegte Brot, die Schnitte
Sarah ['seərə] - Sarah
Saturday ['sætədeɪ] - der Samstag
saucepan ['sɔ:spən] - die Kasserolle, der (Koch)topf
sausage ['sɔsɪdʒ] - die Wurst
say goodbye ['seɪ ˌgʊd'baɪ] - sich verabschieden
scales [skeɪlz] - die Waage
scan [skæn] - kassieren
scary ['skeərɪ] - schrecklich, fürchterlich
school [sku:l] - die Schule
sea [si:] - die See, das Meer
search, to look for [sɜ:tʃ | tə lʊk fɔ:] - suchen
second ['sekənd] - zweiter
see ['si:] - sehen
sell [sel] - verkaufen
settle ['setəl] - sich einrichten
seven ['sevən] - sieben
Shakespeare ['ʃeɪkˌspɪr] - Shakespeare
shelf [ʃelf] - das Regal
shine [ʃaɪn] - leuchten, scheinen
ship [ʃɪp] - das Schiff
shore [ʃɔ:] - das Ufer
show [ʃoʊ] - zeigen
shower ['ʃaʊə] - die Dusche
sidewalk ['saɪdwɔ:k] - der Bürgersteig, der Fußweg
single, with space for one person ['sɪŋgəl | wɪð speɪs fə wʌn 'pɜ:sən] - Einpersonen-
sink [sɪŋk] - der Ausguss, das Becken
sister ['sɪstə] - die Schwester
sit [sɪt] - sitzen
sit down [sɪt daʊn] - sich setzen
six [sɪks] - sechs
skill [skɪl] - die Fertigkeit, die Kenntnis
sleep [sli:p] - schlafen
small [smɔ:l] - klein
so, because of this ['soʊ | bɪ'kɔz əv ðɪs] - deshalb
soap [soʊp] - die Seife
soccer ['sɔkə] - der Fußball
soccer player ['sɔkə 'pleɪə] - der Fußballspieler
sociable ['soʊʃəbəl] - gesellig
sofa, couch ['soʊfə | kaʊtʃ] - das Sofa
soft [sɔft] - weich
someone ['sʌmwʌn] - jemand
something ['sʌmθɪŋ] - etwas
sometime, some day ['sʌmtaɪm | səm deɪ] - irgendwann
sometimes ['sʌmtaɪmz] - manchmal
soon [su:n] - bald
soup [su:p] - die Suppe
sour cream ['saʊə kri:m] - die Sahne
spacious ['speɪʃəs] - geräumig
Spaniard ['spænɪəd] - der Spanier
speak [spi:k] - sprechen
spend (time) [spend 'taɪm] - verbringen (Zeit)
spoon [spu:n] - der Löffel
staircase ['steəkeɪs] - das Treppenhaus
stamp [stæmp] - die Briefmarke
stand [stænd] - stehen
start [stɑ:t] - anfangen, beginnen
station ['steɪʃən] - die Station, der Bahnhof
status ['steɪtəs] - der Stand, der Status
steal [sti:l] - stehlen
step [step] - die Stufe
stop [stɔp] - die Haltestelle
store, shop [stɔ: | ʃɔp] - das Geschäft, der Laden
stove [stoʊv] - der Herd
straight [streɪt] - geradeaus
strawberry ['strɔ:brɪ] - die Erdbeere
street [stri:t] - die Straße
student, pupil ['stju:dnt | 'pju:pəl] - der Schüler
study, to learn ['stʌdɪ | tə lɜ:n] - lernen
subject, thing [sʌb'dʒekt | 'θɪŋ] - das Fach; das Ding
suburb ['sʌbɜ:b] - der Vorort, die Vorstadt
succeed, to go off well [sək'si:d | tə goʊ ɔf wel] - gelingen
sugar ['ʃʊgə] - der Zucker
suggest, to offer [sə'dʒest | tʊ 'ɔfə] - anbieten, vorschlagen
suggestion [sə'dʒestʃən] - der Vorschlag

suitable, fitting ['su:təbəl | 'fɪtɪŋ] - geeignet, passend
sun [sʌn] - die Sonne
Sunday ['sʌndeɪ] - der Sonntag
supermarket ['su:pəmɑ:kɪt] - der Supermarkt
sweet [swi:t] - süß
swim [swɪm] - schwimmen
switch [swɪtʃ] - der Schalter
synopsis, outline [sɪ'nɔpsɪs | 'aʊtlaɪn] - die Zusammenfassung, das Resümee
table ['teɪbəl] - der Tisch
tablecloth ['teɪblklɔθ] - das Tischtuch
take (a shower, medicine etc.) [teɪk ə 'ʃaʊə | 'medsən et'setrə] - nehmen; take (time), to last [teɪk 'taɪm | tə lɑ:st] - dauern
take a walk [teɪk ə wɔ:k] - spazieren gehen
take by, to drive, to transport [teɪk baɪ | tə draɪv | tə træns'pɔ:t] - fahren
take photos/pictures [teɪk 'foʊtoʊz 'pɪktʃəz] - fotografieren
talk ['tɔ:k] - reden, sich unterhalten; talk, to chat ['tɔ:k | tə tʃæt] - sprechen, plaudern
tasty ['teɪstɪ] - lecker
taxi ['tæksɪ] - das Taxi
tea [ti:] - der Tee
teach [ti:tʃ] - lehren, beibringen
teacher, instructor ['ti:tʃə | ɪn'strʌktə] - der Lehrer
teapot ['ti:pɔt] - der Teekessel
technology [tek'nɔlədʒɪ] - die Technologie
teeth [ti:θ] - die Zähne
telephone ['telɪfoʊn] - das Telefon
tell [tel] - sagen
ten [ten] - zehn
test ['test] - die Prüfung
textbook ['teksbʊk] - das Lehrbuch
thanks [θæŋks] - danke
that [ðæt] - jene(r/s)
theater ['θi:ətə] - das Theater
then, later [ðen | 'leɪtə] - damals, dann
there (direction) [ðə dɪ'rekʃən] - dort(hin);
there (place) [ðə 'pleɪs] - dort
there is, there are [ðə ɪz | ðər ɑ:] - es gibt, es sind
these (plural) [ði:z 'plʊərəl] - diese (Pl.)
they ['ðeɪ] - sie (Pl.)
thing ['θɪŋ] - das Ding
think ['θɪŋk] - denken
third ['θɜ:d] - dritter
thirteen [ˌθɜ:'ti:n] - dreizehn
thirty ['θɜ:tɪ] - dreißig
this [ðɪs] - das, diese/r
three [θri:] - drei
three hundred [θri: 'hʌndrəd] - dreihundert
through / in (time) [θru: ɪn 'taɪm] - durch / in
ticket ['tɪkɪt] - die Fahrkarte
time ['taɪm] - die Zeit
time(s) (as in "how many times") ['taɪm] - mal (einmal, zweimal etc.)
to [tu:] - zu, nach
toaster ['toʊstə] - der Toaster
today [tə'deɪ] - heute
together [tə'geðə] - zusammen, gemeinsam
toilet, bathroom ['tɔɪlɪt | 'bɑ:θru:m] - die Toilette
tomato [tə'mɑ:toʊ] - die Tomate
tomorrow [tə'mɔroʊ] - morgen
tooth [tu:θ] - der Zahn
tourist ['tʊərɪst] - der Tourist
towards [tə'wɔ:dz] - entgegen
towel ['taʊəl] - das Handtuch
traffic jam ['træfɪk dʒæm] - der Stau
traffic lights ['træfɪk laɪts] - die Ampel
train [treɪn] - der Zug
trample ['træmpəl] - treten, trampeln
transport [træns'pɔ:t] - der Transport, der Verkehr
trash, garbage [træʃ | 'gɑ:bɪdʒ] - der Müll, der Abfall
travel ['trævəl] - reisen
treatment ['tri:tmənt] - die Behandlung
tree [tri:] - der Baum
trolleybus ['trɔlɪbʌs] - der Oberleitungsbus, der Obus
tulip ['tju:lɪp] - die Tulpe
tunnel ['tʌnəl] - der Tunnel
turn on [tɜ:n ɔn] - einschalten
Tv-set [ˌti:'vi: set] - der Fernseher
twelfth [twelfθ] - zwölfter
twelve [twelv] - zwölf
twenty ['twentɪ] - zwanzig
two ['tu:] - zwei
under ['ʌndə] - unter
university [ˌju:nɪ'vɜ:sɪtɪ] - die Universität

university student [ˌju:nɪ'vɜ:sɪtɪ 'stju:dnt] - der Student
until, to [ʌn'tɪl | tu:] - bis
us [əz] - uns
vacation [və'keɪʃən] - der Urlaub, die Ferien
value, price ['vælju: | praɪs] - der Preis, die Kosten (pl.)
vase [vɑ:z] - die Vase
vegetable ['vedʒɪtəbəl] - das Gemüse
very ['verɪ] - sehr
wagon, carriage, cart ['wægən | 'kærɪdʒ | kɑ:t] - der Wagen
wait [weɪt] - warten
waiter ['weɪtə] - der Kellner
wake up [weɪk ʌp] - aufstehen
walk, to go [wɔ:k | tə goʊ] - gehen
wall [wɔ:l] - die Wand
wallet ['wɔlɪt] - die Geldtasche, das Portmonee
want [wɔnt] - wollen
warm [wɔ:m] - warm; warm (up) [wɔ:m ʌp] - aufwärmen
wash, launder, to clean [wɔʃ | 'lɔ:ndə | tə kli:n] - waschen
wash oneself [wɔʃ wʌn'self] - sich waschen
washbasin ['wɔʃbeɪsən] - das Waschbecken
washer, washing ['wɔʃə | 'wɔʃɪŋ] - das Waschen
washing ['wɔʃɪŋ] - das Waschen
watch [wɔtʃ] - anschauen
water ['wɔ:tə] - das Wasser
we [wɪ] - wir
weather ['weðə] - der Wetter
week [wi:k] - die Woche
weigh [weɪ] - wiegen
well [wel] - gut
what ['wɔt] - was
when [wen] - wann, als
where [weə] - wo
where to [weə tu:] - wohin
whether, if ['weðə | ɪf] - ob
which, what [wɪtʃ | 'wɔt] - welche(r/s), was für ein(e)
white [waɪt] - weiß
who [hu:] - wer
whole [hoʊl] - ganze
whose [hu:z] - wessen
why [waɪ] - warum
window ['wɪndoʊ] - das Fenster
wish, to desire [wɪʃ | tə dɪ'zaɪə] - wünschen
with [wɪð] - mit
without [wɪð'aʊt] - ohne
without speaking, silently [wɪð'aʊt 'spi:kɪŋ | 'saɪləntlɪ] - schweigend
woman ['wʊmən] - die Frau
wooden ['wʊdən] - Holz-
work ['wɜ:k] - die Arbeit; work, function ['wɜ:k | 'fʌŋkʃən] - arbeiten, funktionieren
work hard ['wɜ:k hɑ:d] - sich bemühen
worker ['wɜ:kə] - der Arbeiter
write ['raɪt] - schreiben; write (down) ['raɪt daʊn] - aufschreiben, notieren
write out (a check) ['raɪt 'aʊt ə tʃek] - ausschreiben
writer ['raɪtə] - die Schriftstellerin/der Schriftsteller
year ['jɪə] - das Jahr
years ['jɪəz] - Jahre
yellow ['jeloʊ] - gelb
yes [jes] - ja
you [jʊ] - du, Sie
your(s) [jər 'es] - dein

Wörterbuch Deutsch-Englisch

Abend, der - evening ['i:vənɪŋ]
abends, am Abend - in the evening [ɪn ðɪ 'i:vənɪŋ]
Abenteuer, das - adventure [əd'ventʃə]
aber, doch, und - but, while, and [bʌt | waɪl | ænd]
ablehnen - refuse [rɪ'fju:z]
absagen - refuse [rɪ'fju:z]
abschneiden - cut off [kʌt ɔf]
Abteilung, die - aisle (in a store), section [aɪl ɪn ə stɔ: | 'sekʃən]
acht - eight [eɪt]
achthundert - eight hundred [eɪt 'hʌndrəd]
achtzehn - eighteen [ˌeɪ'ti:n]
Adresse, die - address [ə'dres]
Agentur, die; das Büro - agency ['eɪdʒənsɪ]
aktiv - active ['æktɪv]
Alkohol- - alcoholic [ˌælkə'hɔlɪk]
alles - all [ɔ:l], everything ['evrɪθɪŋ]
alt - old [oʊld]
älter - older ['oʊldə]; Alter, das - age [eɪdʒ]
Ampel, die - traffic lights ['træfɪk laɪts]
Ananas, die - pineapple ['paɪnæpəl]
anbieten - suggest, to offer [sə'dʒest | tʊ 'ɔfə]
andere(r/s) - other ['ʌðə]
anderthalb - one and a half [wʌn ənd ə hɑ:f]
Anfang, der - beginning [bɪ'gɪnɪŋ]
anfangen, beginnen - start [stɑ:t]
Angaben, die - data, information ['deɪtə | ˌɪnfə'meɪʃən]
angezeigt - indicated ['ɪndɪkeɪtɪd]
anrufen - call (by phone) [kɔ:l baɪ foʊn]
anschauen - watch [wɔtʃ]
Anstellung, die ; die Beschäftigung - placement, employment, job ['pleɪsmənt | ɪm'plɔɪmənt | dʒɔb]
antworten - answer ['ɑ:nsə]
Anzeige, die - announcement, ad [ə'naʊnsmənt | æd]
anzeigen, andeuten - indicate ['ɪndɪkeɪt]
anziehen - put on ['pʊt ɔn]
Apfel, der - apple ['æpəl]
Apotheke, die - drugstore ['drʌgstɔ:]
Arbeit, die - work ['wɜ:k]
arbeiten, funktionieren - work, function ['wɜ:k | 'fʌŋkʃən]
Arbeiter, der - worker ['wɜ:kə]
Arzt, der - doctor, physician ['dɔktə | fɪ'zɪʃən]
auch - also, too ['ɔ:lsoʊ | tu:]
auf - on [ɔn]
aufmerksam - carefully, attentively ['keəfəlɪ | ə'tentɪvlɪ]
aufräumen - clean, to tidy up [kli:n | tə 'taɪdɪ ʌp]
aufschreiben - write (down) ['raɪt daʊn]
aufstehen - get up ['get ʌp], wake up [weɪk ʌp]
aufwärmen - warm (up) [wɔ:m ʌp]
Aufzug, der - elevator ['elɪveɪtə]
aus, von - from, out of [frɔm | 'aʊt ɔv]
Ausbildung, die; die Erziehung - education [ˌedʒʊ'keɪʃən]
ausfahren - drive out [draɪv 'aʊt]
ausfüllen - fill out [fɪl 'aʊt]
Ausgang, der - exit ['eksɪt]
ausgefüllt - filled out [fɪld 'aʊt]
Ausguss, der; das Becken - sink [sɪŋk]
Auskunft, die - information [ˌɪnfə'meɪʃən]
auslegen - display, to set out [dɪ'spleɪ | tə set 'aʊt]
ausschreiben - write out (a check) ['raɪt 'aʊt ə tʃek]
aussehen - look (like) [lʊk 'laɪk]
Auto, das; der Wagen - automobile, car ['ɔ:təmoʊˌbi:l | kɑ:]
Autobahn, die - highway ['haɪweɪ]
Autoservice, der - car service [kɑ: 'sɜ:vɪs]
Badewanne, die - bathtub ['bɑ:θtʌb]
Badezimmer, das; das Bad - bathroom ['bɑ:θru:m]
bald - soon [su:n]
Banane, die - banana [bə'nɑ:nə]
Bank, die - bank [bæŋk]
Bar, die; die Gaststätte - bar [bɑ:]
Bargeld, das - cash [kæʃ]
Basketball, der - basketball ['bɑ:skɪtbɔ:l]
Baum, der - tree [tri:]
(be)zahlen - pay [peɪ]
begleiten - accompany [ə'kʌmpənɪ]
behandelt werden - get treated ['get 'tri:tɪd]
Behandlung, die - treatment ['tri:tmənt]
bei, an - at, near [æt | nɪə]

beigefarben, beige - beige [beɪʒ]
bekommen, nach etwas greifen - get, to reach, to take something out ['get | tə riːtʃ | tə teɪk 'sʌmθɪŋ 'aʊt]
belegte Brot, das; die Schnitte - sandwich ['sænwɪdʒ]
bequem - comfortable ['kʌmftəbəl]
Berater, der - consultant [kən'sʌltənt]
Berg, der - hill, mountain [hɪl | 'maʊntɪn]
Beruf, der; das Fach - profession [prə'feʃən]
beschäftigt - busy ['bɪzɪ]
besprechen - discuss [dɪ'skʌs]
besser - better ['betə]
bestellen - order ['ɔːdə]
Bett, das - bed [bed]
bezahlen - pay [peɪ]
Bibliothek, die; die Bücherei - library ['laɪbrərɪ]
Bibliothekar, der - librarian [laɪ'breərɪən]
Bild, das - picture ['pɪktʃə]
Biologie, die - biology [baɪ'ɔlədʒɪ]
bis - until, to [ʌn'tɪl | tuː]
blau - blue [bluː]
bleiben - be left, to stay [bɪ left | tə steɪ]
Bleistift, der - pencil ['pensəl]
Blender, der - blender ['blendə]
Blume, die - flower ['flaʊə]
Boulevard, der - boulevard ['buːləvɑːd]
brauchen - be necessary, to need to [bɪ 'nesəsərɪ | tə nɪːd tuː]
braun - brown [braʊn]
brennen - burn [bɜːn]
Brett, das - board [bɔːd]
Briefmarke, die - stamp [stæmp]
Brille, die - glasses ['glɑːsɪz]
Brot, das - bread [bred]
Brötchen, das - bread roll, bun [bred roʊl | bʌn]
Brücke, die - bridge [brɪdʒ]
Bruder, der - brother ['brʌðə]
Brüssel - Brussels ['brʌsəlz]
Buch, das - book [bʊk]
Bürgersteig, der; der Fußweg - sidewalk ['saɪdwɔːk]
Büro, das - office ['ɔfɪs]
Bürste, die - brush [brʌʃ]
Bus, der - bus [bʌs]
Café, das - cafe ['kæfeɪ]
Cerealien, die - flakes, cereal [fleɪks | 'sɪərɪəl]
Chips, die - potato chips [pə'teɪtoʊ tʃɪps]
Computer, der - computer [kəm'pjuːtə]
Dach, das - roof [ruːf]
damals, dann - then [ðen]
danke - thanks [θæŋks]
dann - afterwards, then, later ['ɑːftəwədz | ðen | 'leɪtə]
das - this [ðɪs]
dauern - take (time), to last [teɪk 'taɪm | tə lɑːst]
Decke, die - ceiling ['siːlɪŋ]
dein - your(s) [jər 'es]
Dekanat, das - dean's office ['diːnz 'ɔfɪs]
denken - think ['θɪŋk]
Denkmal, das - memorial, monument [mɪ'mɔːrɪəl | 'mɔnjʊmənt]
deshalb - so, because of this ['soʊ | bɪ'kɔz əv ðɪs]
Design, das - design [dɪ'zaɪn]
Dessert, das; der Nachtisch - cake, dessert [keɪk | dɪ'zɜːt]
Detektiv, der - detective [dɪ'tektɪv]
Deutsch - German ['dʒɜːmən]
diese (Pl.) - these (plural) [ðiːz 'plʊərəl]
diese/r - this [ðɪs]
Ding, das - thing ['θɪŋ]
dort - there (place) [ðə 'pleɪs]
dort(hin) - there (direction) [ðə dɪ'rekʃən]
draußen - outside [ˌaʊt'saɪd]
drei - three [θriː]
dreihundert - three hundred [θriː 'hʌndrəd]
dreißig - thirty ['θɜːtɪ]
dreizehn - thirteen [ˌθɜː'tiːn]
dritter - third ['θɜːd]
du, Sie - you [jʊ]
dunkel - dark [dɑːk]
durch / in - through / in (time) [θruː ɪn 'taɪm]
Dusche, die - shower ['ʃaʊə]
Ecke, die - corner ['kɔːnə]
Ei, das - egg [eg]
ein - one [wʌn]
ein bisschen - a bit, a little [ə bɪt | ə 'lɪtəl]
ein Stückchen - a little piece [ə 'lɪtəl piːs]
(ein)gießen - pour in [pɔːr ɪn]
einen Job finden - get a job ['get ə dʒɔb]

einen Vertrag schließen - enter into a contract ['entər 'ɪntə ə 'kɔntrækt]
Eingang, der - entry, entrance ['entrɪ | ɪn'trɑ:ns]
eingehen - go into [goʊ 'ɪntə]
einige - a few, some [ə fju: | sʌm]
einladen - invite [ɪn'vaɪt]
Einpersonen- - single, with space for one person ['sɪŋgəl | wɪð speɪs fə wʌn 'pɜ:sən]
einschalten - turn on [tɜ:n ɔn]
Eis, das - ice cream [aɪs kri:m]
Eltern, die - parents ['peərənts]
England - England ['ɪŋglənd]
Engländerin, die - Englishwoman ['ɪŋglɪʃwʊmən]
Englisch - English ['ɪŋglɪʃ]
entgegen - towards [tə'wɔ:dz]
entlang - along [ə'lɔŋ]
entscheiden - decide [dɪ'saɪd]
Entschluss, der; die Entscheidung - decision [dɪ'sɪʒən]
er/sie/es - he/she/it [hɪ ʃɪ ɪt]
Erdbeere, die - strawberry ['strɔ:brɪ]
Erde, die; der Boden - earth, ground, soil [ɜ:θ | graʊnd | sɔɪl]
Erfahrung, die - experience [ɪk'spɪərɪəns]
erklären - explain [ɪk'spleɪn]
erreichen - arrive, get to [ə'raɪv | 'get tu:]
erster - first ['fɜ:st]
es gibt, es sind - there is, there are [ðə ɪz | ðər ɑ:]
essen - eat [i:t]; Essen, das - food [fu:d]
Etage, die - floor, storey [flɔ: | 'stɔ:rɪ]
etwas - something ['sʌmθɪŋ]
Euro, der - Euro ['jʊəroʊ]
Fach, das; das Ding - subject, thing [sʌb'dʒekt | 'θɪŋ]
fahren - take by, to drive, to transport [teɪk baɪ | tə draɪv | tə træns'pɔ:t], to ride, to go [tə raɪd | tə goʊ]
Fahrer, der - driver ['draɪvə]
Fahrkarte, die - ticket ['tɪkɪt]
Fahrt, die - passage; fare ['pæsɪdʒ | feə]
Familie, die - family ['fæməlɪ]
Familienname, der - last name [lɑ:st 'neɪm]
Farbe, die - color ['kʌlər]
Fenster, das - window ['wɪndoʊ]
Fernseher, der - Tv-set [ˌti:'vi: set]
fertig - ready, prepared ['redɪ | prɪ'peəd]
Fertigkeit, die; die Kenntnis - skill [skɪl]
Film, der - film [fɪlm]
finden - find [faɪnd]
Fisch, der - fish [fɪʃ]
Flasche, die - bottle ['bɔtəl]
Fleisch, das - meat [mi:t]
fliegen - fly [flaɪ]
fließend - free(ly), fluently [fri: 'laɪ | 'flu:əntlɪ]
Flug, der - flight [flaɪt]
Flughafen, der - airport ['eəpɔ:t]
Flugzeug, das - airplane ['eəpleɪn]
Flur, der - hall [hɔ:l]
Fluss, der - river ['rɪvə]
Formel, die - formula ['fɔ:mjʊlə]
Foto, das - photograph ['foʊtəgrɑ:f]
fotografieren - take photos/pictures [teɪk 'foʊtoʊz 'pɪktʃəz]
Fragebogen, der - questionnaire [ˌkwestʃə'neə]
fragen - ask [ɑ:sk]
Frank - Frank [fræŋk]
Französisch - French [frentʃ]
Frau, die - woman ['wʊmən]
frei - free [fri:]
Freitag, der - Friday ['fraɪdeɪ]
Freund, der / die Freundin - friend ['frend]
Frieden, der; die Welt - peace; world [pi:s | wɜ:ld]
früher - before, earlier [bɪ'fɔ: | 'ɜ:lɪə]
Frühstück, das - breakfast ['brekfəst]
frühstücken, Frühstück essen - have breakfast [həv 'brekfəst]
fühlen - feel [fi:l]
führen, leiten - lead, to drive [li:d | tə draɪv]
Führerschein - driving license ['draɪvɪŋ 'laɪsns]
fünf - five [faɪv]
fünfzehn - fifteen [ˌfɪf'ti:n]
funktionieren - act, to work [ækt | tə 'wɜ:k]
für - for [fɔ:]
Fußball, der - soccer ['sɔkə]
Fußballspieler, der - soccer player ['sɔkə 'pleɪə]
Fußboden, der; die Etage - floor [flɔ:]
Gabel, die - fork [fɔ:k]
ganze - whole [hoʊl]

Garage, die - garage ['gærɑ:ʒ]
Garten, der - garden ['gɑ:dən]
Gas, das - gas [gæs]
Gast, der - guest [gest]
geben - give [gɪv]
geboren sein - be born [bɪ bɔ:n]
geeignet, passend - suitable, fitting ['su:təbəl | 'fɪtɪŋ]
gefallen - like, to appeal ['laɪk | tʊ ə'pi:l]
gegenüber - across from [ə'krɔs frɔm]
gehen - to go, to walk [tə goʊ | tə wɔ:k], head [hed]
gelb - yellow ['jeloʊ]
Geld, das - money ['mʌnɪ]
Geldtasche, die; das Portmonee - wallet ['wɔlɪt]
gelingen - succeed, to go off well [sək'si:d | tə goʊ ɔf wel]
Gemüse, das - vegetable ['vedʒɪtəbəl]
gemütlich - cozy, comfortable ['koʊzɪ | 'kʌmftəbəl]
genug sein - be enough [bɪ ɪ'nʌf]
Geographie, die; die Erdkunde - geography [dʒɪ'ɔgrəfɪ]
Gepäck, das - baggage ['bægɪdʒ]
geradeaus - straight [streɪt]
geräumig - spacious ['speɪʃəs]
Geschäft, das; der Laden - store, shop [stɔ: | ʃɔp]
Geschichte, die - history ['hɪstrɪ]
Geschirr, das - dishes ['dɪʃɪz]
gesellig - sociable ['soʊʃəbəl]
Getränk, das - drink [drɪŋk]
gießen - pour (something fluid) [pɔ: 'sʌmθɪŋ 'flu:ɪd]
Glas, das - glass ['glɑ:s]
grau - gray [greɪ]
greifen - grab [græb]
greifen - reach [ri:tʃ]
Griff, der - handle ['hændəl]
groß - big [bɪg]
Großbritannien - Great Britain ['greɪt 'brɪtən]
grün - green ['gri:n]
Grünfläche, die - greenery ['gri:nərɪ]
Gummi, der - rubber ['rʌbə]
Gurke, die - cucumber ['kju:kʌmbə]
gut - good [gʊd], well [wel]
haben - have, to own [hæv | tʊ oʊn]
Hälfte, die - half [hɑ:f]
Hallo - hi, hello [haɪ | hə'loʊ]
Haltestelle, die - stop [stɔp]
Hamburger, der - hamburger ['hæmbɜ:gə]
Hand, die - hand [hænd]
Handarbeit, die - physical work ['fɪzɪkəl 'wɜ:k]
Handtuch, das - towel ['taʊəl]
hängen - hang [hæŋ]
Haus, das - house/home ['haʊs hoʊm]
Heft, das - notebook, copybook ['noʊtbʊk | 'kɔpɪbʊk]
heiß - hot [hɔt]
helfen - help [help]
hell - bright [braɪt]
(her)einkommen - enter ['entə]
herangehen, sich nähern - approach [ə'proʊtʃ]
Herd, der - stove [stoʊv]
herrlich - excellent ['eksələnt]
heute - today [tə'deɪ]
hier - here [hɪə]
hier(her) - here (direction) [hɪə dɪ'rekʃən]
(hin)ausgehen - go out, get out [goʊ 'aʊt | 'get 'aʊt]
(hin)zufügen - add [æd]
hinbringen - bring, to carry [brɪŋ | tə 'kærɪ]
hinter - behind, for [bɪ'haɪnd | fɔ:]
hoch - high [haɪ]
Holz- - wooden ['wʊdən]
Honig, der - honey ['hʌnɪ]
hören - listen to ['lɪsən tu:]
Hörsaal, der - auditorium, class-room [ˌɔ:dɪ'tɔ:rɪəm | 'klæsru:m]
Hotel, das - hotel [ˌhoʊ'tel]
Hühnchen, das - chicken ['tʃɪkɪn]
Hühner, die - chickens ['tʃɪkɪnz]
Hund, der - dog [dɔg]
ich - I ['aɪ]
ihn, sein - him, his [hɪm | hɪz]
immer - always ['ɔ:lweɪz]
Immobilie, die; das Grundbesitz - real estate [rɪəl ɪ'steɪt]
in - in, into [ɪn | 'ɪntə]
in der Mitte - in the middle [ɪn ðə 'mɪdəl]
innen, drinnen - inside [ɪn'saɪd]
interessant - interesting ['ɪntrəstɪŋ]

irgendwann - sometime, some day ['sʌmtaɪm | səm deɪ]
irgendwelcher - any, some ['enɪ | sʌm]
Italien - Italy ['ɪtəlɪ]
Italiener, der - Italian (person) [ɪ'tæljən 'pɜ:sən]
ja - yes [jes]
Jahr, das - year ['jɪə]
Jahre - years ['jɪəz]
jeder - every ['evrɪ]
jemand - someone ['sʌmwʌn]
jene(r/s) - that [ðæt]
jetzt - now [naʊ]
Kaffee, der - coffee ['kɔfɪ]
Kaffeemaschine, die - coffeemaker ['kɔfɪˌmekə]
kalt, kühl - cold [koʊld]
Kamin, der - fireplace ['faɪəpleɪs]
Karotte, die - carrot ['kærət]
Käse, der - cheese [tʃi:z]
Kasse, die - checkout, cash register ['tʃekaʊt | kæʃ'redʒɪstə]
Kasserolle, die; der (Koch)topf - saucepan ['sɔ:spən]
kassieren - scan [skæn]
Kassierer, der - cashier, teller [kæ'ʃɪə | 'telə]
Katze, die - cat [kæt]
kaufen - buy [baɪ]
Keks, der; das Törtchen - cookie ['kʊkɪ]
Kellner, der - waiter ['weɪtə]
kennen - know [noʊ]
kennenlernen - get acquainted, to learn ['get ə'kweɪntɪd | tə lɜ:n]
Kind, das - child [tʃaɪld]
Kinderkrippe - nursery ['nɜ:sərɪ]
Kino, das - cinema, movie theater ['sɪnəmə | 'mu:vɪ 'θi:ətə]
Kiosk, der - kiosk ['ki:ɔsk]
Kissen, das - pillow ['pɪloʊ]
Kleidung, die - clothing, robe ['kloʊðɪŋ | roʊb]
klein - small [smɔ:l]
Klingel, die - bell, ring [bel | rɪŋ]
Klinik, die - clinic ['klɪnɪk]
klopfen - knock [nɔk]
Klub, der - club [klʌb]
kochen, sieden - boil [bɔɪl]
Kohl, der - cabbage ['kæbɪdʒ]
Komödie, die - comedy ['kɔmədɪ]
können - be able to, can [bɪ 'eɪbəl tu: | kæn]
Korb, der - basket ['bɑ:skɪt]
kosten - cost [kɔst]
krank sein - be sick [bɪ sɪk]
krank werden, erkranken - get sick ['get sɪk]
Kreide, die - chalk [tʃɔ:k]
Kronleuchter, der - chandelier [ʃændə'lɪə]
Küche, die - kitchen ['kɪtʃɪn]
kühl - cold [koʊld]
Kühlschrank, der - refrigerator [rɪ'frɪdʒəreɪtə]
Kunststoff, der - plastic ['plæstɪk]
lachen - laugh [lɑ:f]
Lachs, der - salmon ['sæmən]
Lampe, die - lamp [læmp]
Land, das - country ['kʌntrɪ]
Landkarte, die - map [mæp]
lange - long, for a long time ['lɔŋ | fər ə 'lɔŋ 'taɪm]
Laptop, der - laptop ['læptɔp]
laufen - run [rʌn]
Läufer, der; der Bettvorleger - little rug, mat ['lɪtəl rʌg | mæt]
laut - noisily ['nɔɪzɪlɪ], noisy ['nɔɪzɪ]
leben - live [laɪv]; Leben, das - life [laɪf]
Lebensmittel, die - products, food ['prɔdʌkts | fu:d]
Lebensmittelgeschäft, das - grocery ['groʊsərɪ]
lecker - tasty ['teɪstɪ]
Leder, das - leather ['leðə]
leer - empty ['emptɪ]
legen - put (down) ['pʊt daʊn]
Lehrbuch, das - textbook ['teksbʊk]
lehren, beibringen - teach [ti:tʃ]
Lehrer, der - teacher, instructor ['ti:tʃə | ɪn'strʌktə]
leicht - light [laɪt]
Leiter, der; der Chef - manager, head ['mænɪdʒə | hed]
lernen - study, to learn ['stʌdɪ | tə lɜ:n]
lesen - read [ri:d]
letztens, kürzlich - not long ago, recently [nɔt 'lɔŋ ə'goʊ | 'ri:səntlɪ]
leuchten, scheinen - shine [ʃaɪn]
Leute, die - people ['pi:pəl]
Licht, das; leicht - light [laɪt]

Liebe, die; lieben - love ['lʌv]
liegen - lie [laɪ]
Lineal, das - ruler ['ruːlə]
links - on the left [ɔn ðə left]
Liter, der - liter ['liːtə]
Löffel, der - spoon [spuːn]
lustig - funny ['fʌnɪ]
machen - do, carry out [duː | 'kærɪ 'aʊt], make ['meɪk]; machen, schaffen - do (finish) [də 'fɪnɪʃ]
Mädchen, das - girl [gɜːl]
mal (einmal, zweimal etc.) - time(s) (as in “how many times”) ['taɪm]
manchmal - sometimes ['sʌmtaɪmz]
Mann, der - man [mæn]
männlich - male [meɪl]
Maschine, die - machine [mə'ʃiːn]
Mechaniker, der - mechanic [mɪ'kænɪk]
mehr, noch - more, still [mɔː | stɪl]
mein - my (mine) [maɪ maɪn]
Messer, das - knife [naɪf]
metallen, Metall- - metal ['metəl]
Mikrowelle, die - microwave ['maɪkrəweɪv]
Milch, das - milk [mɪlk]; Milch, die - dairy, milk ['deərɪ | mɪlk]
Minibus, der - minibus ['mɪnɪbʌs]
Minute, die - minute ['mɪnjuːt]
mit - with [wɪð]
Mittagsessen, das - lunch ['lʌntʃ]
Mixer, der - mixer ['mɪksə]
Möbel, die - furniture ['fɜːnɪtʃə]
möglich - possible ['pɔsəbəl]
Monat, der - month [mʌnθ]
morgen - tomorrow [tə'mɔroʊ]; Morgen, der - morning ['mɔːnɪŋ]
Motorrad, das - motorcycle, motorbike ['moʊtəsaɪkəl | 'moʊtəbaɪk]
müde werden - get tired ['get 'taɪəd]
Müll, der; der Abfall - trash, garbage [træʃ | 'gɑːbɪdʒ]
Museum, das - museum [mjuː'zɪəm]
Mutter, die; Mama - Mom [mɔm]
nach - after ['ɑːftə]
nach Hause - homeward ['hoʊmwəd]
Nachbar, der - neighbor ['neɪbə]
nächster - following, next ['fɔloʊɪŋ | nekst]
nah, in der Nähe - near [nɪə]
Name, der - name ['neɪm]
national - national ['næʃnəl]
Nationalität, die - nationality [ˌnæʃə'nælɪtɪ]
natürlich - of course [əv kɔːs]
Neapel - Naples ['neɪpəlz]
neben - next to, near [nekst tuː | nɪə]
nehmen - take (a shower, medicine etc.) [teɪk ə 'ʃaʊə | 'medsən et'setrə]
nein; es gibt kein(e/en) - no; there isn't, there aren’t [noʊ | ðər 'ɪznt | ðər ɑːnt]
neu - new [njuː]
neun - nine [naɪn]
neunzehn - nineteen [ˌnaɪn'tiːn]
nicht - not [nɔt]
nicht groß - not big [nɔt bɪg], not tall [nɔt tɔːl]
nicht neu - not new [nɔt njuː]
nicht teuer, preisgünstig - inexpensive [ˌɪnɪk'spensɪv]
nicht weit - not far [nɔt 'fɑː]
nie(mals) - never ['nevə]
Niederländer, der - Dutchman ['dʌtʃmən]
niederländisch - Dutch [dʌtʃ]
normalerweise - normally, usually ['nɔːməlɪ | 'juːʒəlɪ]
notieren - write down ['raɪt daʊn]
nötig, notwendig - necessary ['nesəsərɪ]
Nudeln, die - pasta, macaroni ['pæstə | ˌmækə'roʊnɪ]
Nummer, die - number ['nʌmbə]
nur - only, just ['oʊnlɪ | dʒəst]
ob - whether, if ['weðə | ɪf]
obere - on top of, over, above [ɔn tɔp ɔv | 'oʊvə | ə'bʌv]
Oberleitungsbus, der; der Obus - trolleybus ['trɔlɪbʌs]
Obst, das - fruit [fruːt]
oder - or [ɔː]
öffnen, aufmachen - open ['oʊpən]
oft - often ['ɔfən]
ohne - without [wɪð'aʊt]
Oma, die; die alte Frau - grandmother, old woman ['græn ˌmʌðə | oʊld 'wʊmən]
Opa, der; der alte Mann - grandfather, old man ['grænfɑːðə | oʊld mæn]
Orange, die - orange ['ɔrɪndʒ]
Ort, der; der Platz - place ['pleɪs]
Ozean, der - ocean ['oʊʃən]
Paar, das - pair [peə]

Päckchen, das - package ['pækɪdʒ]
Paket, das - packet ['pækɪt]
Papa, der - Dad [dæd]
Papier, das - paper ['peɪpə]
Park, der - park [pɑ:k]
Parzelle, die - area, site ['eərɪə | saɪt]
Pass, der - passport ['pɑ:spɔ:t]
Pause, die - break [breɪk]
Periode, die - period ['pɪərɪəd]
Person, die; der Mensch - person ['pɜ:sən]
persönlich - personal ['pɜ:sənəl]
Pfirsich, der - peach [pi:tʃ]
Physik, die - physics ['fɪzɪks]
Pilz, der - mushroom ['mʌʃrʊm]
Pizza, die - pizza ['pi:tsə]; Platz, der - city square ['sɪtɪ skweə]
(Platz) nehmen - occupy ['ɔkjʊpaɪ]
Polizei, die - police [pə'li:s]
Polizist, der - policeman [pə'li:smən]
Polyethylen, das Plastik, der Kunststoff - polyethylene, plastic [ˌpɔlɪ'eθəli:n | 'plæstɪk]
Postamt, das - post office [poʊst 'ɔfɪs]
Preis, der; die Kosten (pl.) - value, price ['vælju: | praɪs]
professionell - professional [prə'feʃnəl]
Prüfung, die - test ['test]
purpurrot - purple ['pɜ:pəl]
Rechnung, die - bill [bɪl]; receipt [rɪ'si:t]
Rechte, die - rights [raɪts]
rechts - on the right [ɔn ðə raɪt]
(Rechts)anwalt, der - lawyer ['lɔ:jə]
reden, sich unterhalten - talk ['tɔ:k]
Regal, das - shelf [ʃelf]
Regel, die - rule [ru:l]
Regen, der - rain [reɪn]
reinigen, sauber machen - clean [kli:n]
Reis, der - rice [raɪs]
reisen - travel ['trævəl]
Renovierung, die - renovation, repairs [ˌrenə'veɪʃən | rɪ'peəz]
Restaurant, das - restaurant ['restrɔnt]
Richtung, die - direction [dɪ'rekʃən]
roh - raw [rɔ:]
Rose, die - rose [roʊz]
rot - red [red]
rufen, nennen - call, to name [kɔ:l | tə 'neɪm]
ruhig - calm(ly) [kɑ:m 'laɪ]
rund - round ['raʊnd]
(rund) um - around [ə'raʊnd]
Rundfunk, der; das Radio - radio ['reɪdɪoʊ]
Saal, der; die Halle - hall, auditorium [hɔ:l | ˌɔ:dɪ'tɔ:rɪəm]
Saft, der - juice [dʒu:s]
sagen - tell [tel]
Sahne, die - sour cream ['saʊə kri:m]
sammeln - collect, to gather [kə'lekt | tə 'gæðə]
Sammlung, die - collection [kə'lekʃən]
Samstag, der - Saturday ['sætədeɪ]
Sarah - Sarah ['seərə]
sauber - clean [kli:n]
Schachtel, die; die Kiste - box [bɔks]
Schalter, der - switch [swɪtʃ]
Schiff, das - ship [ʃɪp]
schlafen - sleep [sli:p]
Schlange, die - line, queue [laɪn | kju:]
Schlüssel, der - key [ki:]
schmutzig - dirty ['dɜ:tɪ]
schneiden - cut [kʌt]
schnell - quickly ['kwɪklɪ]
schon - already [ɔ:l'redɪ]
schön - pretty, beautiful ['prɪtɪ | 'bju:təfəl]
Schrank, der; das Regal - cupboard, wardrobe, bookcase ['kʌbəd | 'wɔ:droʊb | 'bʊk keɪs]
schrecklich, fürchterlich - scary ['skeərɪ]
schreiben - write ['raɪt]
Schriftstellerin, die / der Schriftsteller - writer ['raɪtə]
Schublade, die - drawer, box [drɔ: | bɔks]
Schule, die - school [sku:l]
Schüler, der - student, pupil ['stju:dnt | 'pju:pəl]
schütten - pour (something loose) [pɔ: 'sʌmθɪŋ lu:s]
schwarz - black [blæk]
schweigend - without speaking, silently [wɪð'aʊt 'spi:kɪŋ | 'saɪləntlɪ]
Schwester, die - sister ['sɪstə]
schwimmen - swim [swɪm]
sechs - six [sɪks]
See, der - lake [leɪk]; See, die; das Meer - sea [si:]
sehen - see ['si:]
sehr - very ['verɪ]
Seife, die - soap [soʊp]

sein - be [bɪ]
Seite, die - page [peɪdʒ]
Selbstbedienungswäscherei, die - laundromat, launderette ['lɔndrəˌmæt | lɔ:n'dret]
Serviette, die - napkin ['næpkɪn]
Sessel, der - armchair ['ɑ:mtʃeə]
Shakespeare - Shakespeare ['ʃeɪkˌspɪr]
sich ankleiden - get dressed ['get drest]
sich ausruhen, sich erholen - rest, to relax [rest | tə rɪ'læks]
sich befinden - be (located) [bɪ loʊ'keɪtɪd]
sich bemühen - work hard ['wɜ:k hɑ:d]
sich bewegen - move [mu:v]
sich einrichten - settle ['setəl]
sich setzen - sit down [sɪt daʊn]
sich verabreden - arrange, to make an appointment [ə'reɪndʒ | tə 'meɪk ən ə'pɔɪntmənt]
sich verabschieden - say goodbye ['seɪ ˌgʊd'baɪ]
sich versammeln - gather together ['gæðə tə'geðə]
sich vorbereiten - prepare oneself [prɪ'peə wʌn'self]
sich waschen - wash oneself [wɔʃ wʌn'self]
sie (Pl.) - they ['ðeɪ]
sieben - seven ['sevən]
sitzen - sit [sɪt]
so - like this, so ['laɪk ðɪs | 'soʊ]
so dass - in order to, so that [ɪn 'ɔ:də tu: | 'soʊ ðæt]
Sofa, das - sofa, couch ['soʊfə | kaʊtʃ]
sofort, auf der Stelle - right away [raɪt ə'weɪ]
sollen - have to, to be obliged [həv tu: | tə bɪ ə'blaɪdʒd]
Sonne, die - sun [sʌn]
Sonntag, der - Sunday ['sʌndeɪ]
sorgfältig - careful ['keəfʊl]
Spanier, der - Spaniard ['spænɪəd]
spazieren gehen - take a walk [teɪk ə wɔ:k]
Speise, die; das Gericht - dish [dɪʃ]
Speisezimmer, das - dining room ['daɪnɪŋ ru:m]
Spiegel, der - mirror ['mɪrə]
Spiel, das - game [geɪm]
spielen - play ['pleɪ]
Sprache, die / die Zunge - language / tongue ['læŋgwɪdʒ tʌŋ]
sprechen - speak [spi:k]; sprechen, plaudern - talk, to chat ['tɔ:k | tə tʃæt]
Springbrunnen, der; die Fontäne - fountain ['faʊntɪn]
Stadt, die - city ['sɪtɪ]
Stand, der; der Status - rack, stand [ræk | stænd], status ['steɪtəs]
Station, die; der Bahnhof - station ['steɪʃən]
Stau, der - traffic jam ['træfɪk dʒæm]
stehen - stand [stænd]
stehlen - steal [sti:l]
steigen - go up, to ascend, to rise [goʊ ʌp | tʊ ə'send | tə raɪz]
stellen, legen - put (vertically) ['pʊt 'vɜ:tɪkəlɪ]
still, leise - quietly ['kwaɪətlɪ]
Strand, der - beach [bi:tʃ]
Straße, die - street [stri:t]
Stück, das - piece [pi:s]
Student, der - university student [ˌju:nɪ'vɜ:sɪtɪ 'stju:dnt]
Stufe, die - step [step]
Stuhl, der - chair [tʃeə]
Stunde, die - hour ['aʊə]
suchen - search, to look for [sɜ:tʃ | tə lʊk fɔ:]
Supermarkt, der - supermarket ['su:pəmɑ:kɪt]
Suppe, die - soup [su:p]
süß - sweet [swi:t]
Tag, der - day [deɪ]
Tasche, die - purse, bag [pɜ:s | bæg]
Tasse, die - cup [kʌp]
Taxi, das - taxi ['tæksɪ]
Technologie, die - technology [tek'nɔlədʒɪ]
Tee, der - tea [ti:]
Teekessel, der - teapot ['ti:pɔt]
Teilzeit- - part-time ['pɑ:t taɪm]
Teilzeitarbeit, die - part-time job ['pɑ:t taɪm dʒɔb]
Telefon, das - phone [foʊn], telephone ['telɪfoʊn]
Teller, der - plate [pleɪt]
Teppich, der - carpet ['kɑ:pɪt]
teuer - expensive [ɪk'spensɪv]
Theater, das - theater ['θi:ətə]
Tier, das - animal ['ænɪməl]

Tisch, der - table ['teɪbəl]
Tischlein, das - coffee table ['kæfɪ 'teɪbəl], little table ['lɪtəl 'teɪbəl]
Tischtuch, das - tablecloth ['teɪblklɔθ]
Toaster, der - toaster ['toʊstə]
Toilette, die - bathroom ['bɑ:θru:m], toilet, bathroom ['tɔɪlɪt | 'bɑ:θru:m]
Tomate, die - tomato [tə'mɑ:toʊ]
Tourist, der - tourist ['tʊərɪst]
tragen - carry ['kærɪ]
Transport, der; der Verkehr - transport [træns'pɔ:t]
Transportarbeiter, der; der Packer - loader, stevedore ['loʊdə | 'sti:vədɔ:]
Traube(n), die - grape(s) [greɪp 'es]
treffen - meet [mi:t]
Treppenhaus, das - staircase ['steəkeɪs]
treten, trampeln - trample ['træmpəl]
trinken - drink [drɪŋk]
Trockner, der; der Fön (für die Haare) - drier ['draɪə]
Tulpe, die - tulip ['tju:lɪp]
Tunnel, der - tunnel ['tʌnəl]
Tür, die - door [dɔ:]
U-Bahn, die - metro, subway ['metroʊ | 'sʌbweɪ]
über - about [ə'baʊt], over, along ['oʊvə | ə'lɔŋ]
Ufer, das - shore [ʃɔ:]
umziehen - move (to change address) [mu:v tə tʃeɪndʒ ə'dres]
und - and [ænd]
ungefähr - roughly, approximately ['rʌflɪ | ə'prɔksɪmətlɪ]
Universität, die - university [ˌju:nɪ'vɜ:sɪtɪ]
uns - us [əz]
unser - our(s) ['aʊər 'es]
unter - among [ə'mʌŋ], under ['ʌndə]
Unterkunft, die; die Wohnung - accommodation, apartment [əˌkɔmə'deɪʃən | ə'pɑ:tmənt]
Unterricht, das; der Unterricht, die Kurse, die Fächer - classes ['klɑ:sɪz]
Urlaub, der; die Ferien - vacation [və'keɪʃən]
Vase, die - vase [vɑ:z]
Vater, der - father ['fɑ:ðə]
verbringen (Zeit) - spend (time) [spend 'taɪm]
verdienen - earn [ɜ:n]
vergehen - pass [pɑ:s]
verheiratet - married ['mærɪd]
verkaufen - sell [sel]
verkauft werden - be sold [bɪ soʊld]
verschieden - different, various ['dɪfrənt | 'veərɪəs]
Versicherung, die - insurance [ɪn'ʃʊərəns]
versprechen - promise ['prɔmɪs]
Vertreter, der; der Agent - agent ['eɪdʒənt]
viele - many, a lot ['menɪ | ə lɔt]
vielleicht - maybe ['meɪbi:]
vier - four [fɔ:]
vierter - fourth ['fɔ:θ]
vierzig - forty ['fɔ:tɪ]
Vogel, der - bird [bɜ:d]
voll - full [fʊl]
vom Anfang an - from the beginning [frəm ðə bɪ'gɪnɪŋ]
vorbei, neben - past, near [pɑ:st | nɪə]
Vorort, der; die Vorstadt - suburb ['sʌbɜ:b]
Vorschlag, der - suggestion [sə'dʒestʃən]
vorschlagen - suggest, to offer [sə'dʒest | tʊ 'ɔfə]
Waage, die - scales [skeɪlz]
wachsen - grow [groʊ]
Wagen, der - wagon, carriage, cart ['wægən | 'kærɪdʒ | kɑ:t]
wählen - choose [tʃu:z]
wahrscheinlich - probably ['prɔbəblɪ]
Wand, die - wall [wɔ:l]
wann, als - when [wen]
warm - warm [wɔ:m]
warten - wait [weɪt]
warum - why [waɪ]
was - what ['wɔt]
Waschbecken, das - washbasin ['wɔʃbeɪsən]
Wäsche, die; die Unterwäsche - laundry, underwear, linen ['lɔ:ndrɪ | 'ʌndəweə | 'lɪnɪn]
waschen - wash, launder, to clean [wɔʃ | 'lɔ:ndə | tə kli:n]; Waschen, das - washer, washing ['wɔʃə | 'wɔʃɪŋ]
Wasser, das - water ['wɔ:tə]
Wasserhahn, der - faucet, tap ['fɔ:sɪt | tæp]
Weg, der - path, way [pɑ:θ | 'weɪ], road [roʊd]
wegfahren - go/ride away [goʊ raɪd ə'weɪ]

wegnehmen - pick up, to take away [pɪk ʌp | tə teɪk ə'weɪ]
weich - soft [sɔft]
weil - because [bɪ'kɔz]
weinen - cry [kraɪ]
weiß - white [waɪt]
weit - far (away), at a long distance ['fɑːr ə'weɪ | ət ə 'lɔŋ 'dɪstəns]
weiter - further ['fɜːðə]
weitermachen - continue [kən'tɪnjuː]
welche(r/s), was für ein(e) - which, what [wɪtʃ | 'wɔt]
welcher - which [wɪtʃ]
wenig - little, few ['lɪtəl | fjuː]
wer - who [huː]
Werbung, die - commercial, advertisement [kə'mɜːʃəl | əd'vɜːtɪsmənt]
werden - become [bɪ'kʌm]
wessen - whose [huːz]
Wetter, der - weather ['weðə]
wie - how ['haʊ]
wie viele Jahre - how many years ['haʊ mənɪ 'jɪəz]
wiegen - weigh [weɪ]
wieviel - how much ['haʊ 'mʌtʃ]
wir - we [wɪ]
Wirt, der - owner ['oʊnə]
wo - where [weə]
Woche, die - week [wiːk]
woher - from where [frəm weə]
wohin - where to [weə tuː]
Wohnung, die - apartment, flat [ə'pɑːtmənt | flæt]
Wohnzimmer, das - living room ['lɪvɪŋ ruːm]
wollen - want [wɔnt]
wünschen - wish, to desire [wɪʃ | tə dɪ'zaɪə]
Wurst, die - baloney, kielbasa, sausage [bə'loʊnɪ | kɪl'bɑːsə | 'sɔsɪdʒ]
Zahn, der - tooth [tuːθ]
Zahnarzt, der - dentist ['dentɪst]
Zähne, die - teeth [tiːθ]
zehn - ten [ten]
zeigen - show [ʃoʊ]
Zeit, die - time ['taɪm]
Zeitschrift, die - magazine [ˌmægə'ziːn]
Zeitung, die - newspaper ['njuːspeɪpə]
zentral - central ['sentrəl]
Zentrum, das - center ['sentə]
Zimmer, das - room [ruːm]
Zitrone, die - lemon ['lemən]
zu, nach - to [tuː]
zu Fuß - on foot [ɔn fʊt]
zu Hause - at home [ət hoʊm]
zu Mittag essen - have lunch [həv 'lʌntʃ]
zubereiten - prepare, to cook [prɪ'peə | tə kʊk]
Zucker, der - sugar ['ʃʊgə]
Zug, der - train [treɪn]
zurück - back ['bæk]
zurückgeben, abgeben - give in, return [gɪv ɪn | rɪ'tɜːn]
zurückkehren - return [rɪ'tɜːn]
zusammen, gemeinsam - together [tə'geðə]
Zusammenfassung, die; das Resümee - synopsis, outline [sɪ'nɔpsɪs | 'aʊtlaɪn]
zustimmen - agree [ə'griː]
zwanzig - twenty ['twentɪ]
zwei - two ['tuː]
zweiter - second ['sekənd]
zwischen - between [bɪ'twiːn]
zwölf - twelve [twelv]
zwölfter - twelfth [twelfθ]

Die 1300 wichtigen englischen Wörter

Days of the week   Tage der Woche
Sunday ['sʌndɪ] Der Sonntag
Monday ['mʌndɪ] Der Montag
Tuesday ['tju:zdɪ] Der Dienstag
Wednesday ['wenzdɪ] Der Mittwoch
Thursday ['θə:zdɪ] Der Donnerstag
Friday ['fraɪdɪ] Der Freitag
Saturday ['sætədɪ] Der Samstag
week [wi:k] Die Woche
day [deɪ] Der Tag
night [naɪt] Die Nacht
today [tə'deɪ] heute
yesterday ['jestədɪ] gestern
tomorrow [tə'mɔrəʊ] morgen
morning ['mɔ:nɪŋ] Der Morgen
evening ['ɪ:vnɪŋ] Der Abend
Months   Die Monate
January ['ʤænjʊərɪ] Der Januar
February ['febjʊərɪ] Der Februar
March [mɑʧ] Der März
April ['eɪpr(ə)l] Der April
May [meɪ] Der Mai
June [ʤʊn] Der Juni
July [ʤʊ(:)'laɪ] Der Juli
August ['ɔgʌst] Der August
September [sep'tembə] Der September
October [ɵk'təʊbə] Der Oktober
November [nəʊ'vembə] Der November
December [dɪ'sembə] Der Dezember
Seasons of the year   Die Jahreszeiten
winter ['wɪntə] Der Winter
spring [sprɪŋ] Der Frühling
summer ['sʌmə] Der Sommer
autumn ['ɔ:təm] Der Herbst
Family Die Familie
aunt [ɑ:nt] Die Tante
brother ['brʌðə] Der Bruder
children ['ʧɪldr(ə)n] Die Kinder
dad [dæd] Der Papa
daughter ['dɔ:tə] Die Tochter
family ['fæm(ə)lɪ] Die Familie
father ['fɑ:ðə] Der Vater
granddaughter ['græn(d)ˌdɔ:tə] Die Enkelin
grandfather ['græn(d)ˌfɑ:ðə] Der Großvater
grandmother ['græn(d)ˌmʌðə] Die Oma
grandparents ['græn(d)ˌpeər(ə)nts] Die Großeltern
grandson ['græn(d)sʌn] Der Enkel
great-grandfather [ˌgreɪt'grændˌfɑ:ðə] Der Urgroßvater
great-grandmother [greɪt-'græn(d)ˌmʌðə] Die Urgroßmutter
mother ['mʌðə] Die Mutter
nephew ['nefju:] Der Neffe
niece [ni:s] Die Nichte
parents ['peər(ə)nts] Die Eltern
sister ['sɪstə] Die Schwester
son [sʌn] Der Sohn
uncle ['ʌŋkl] Der Onkel
Appearance and qualities Aussehen und Qualitäten
active ['æktɪv] aktiv
bald [bɔ:ld] kahl
character ['kærəktə] Der Charakter
clever ['klevə] klug
considerate [kən'sɪd(ə)rət] rücksichtsvoll
creative [krɪ'eɪtɪv] kreativ
cruel ['kru:əl] grausam
curly ['kɜ:lɪ] lockig

energetic [ˌɛnəˈdʒɛtɪk] energetisch
fat [fæt] fett
generous [ˈʤen(ə)rəs] großzügig
greedy [ˈgriːdɪ] gierig
hairy [ˈheərɪ] behaart
handsome [ˈhæn(d)səm] gut aussehend
kind [kaɪnd] freundlich
married [ˈmærɪd] verheiratet
old [əʊld] alt
plump [plʌmp] rundlich
polite [pəˈlaɪt] höflich
poor [pʊə] arm
pretty [ˈprɪtɪ] ziemlich
rich [rɪtʃ] reich
rude [ruːd] unhöflich
short [ʃɔːt] kurz
single [ˈʤen(ə)rəs] einzig
skinny [ˈskɪnɪ] dünn
slim [slɪm] schlank
straight [streɪt] gerade
strong [strɔŋ] stark
stupid [ˈstjuːpɪd] blöd
tactful [ˈtæktf(ə)l] taktvoll
talented [ˈtæləntɪd] talentiert
tall [tɔːl] hoch
thin [θɪn] dünn
ugly [ˈʌglɪ] hässlich
unkind [ʌnˈkaɪnd] unfreundlich
weak [wiːk] schwach
young [jʌŋ] jung

Emotions Emotionen

bored [bɔːd] gelangweilt
confident [ˈkɔnfɪd(ə)nt] zuversichtlich
content [kənˈtent] zufrieden
curious [ˈkjʊərɪəs] neugierig
ecstatic [ɪkˈstætɪk] begeistert
emotion [ɪˈməʊʃ(ə)n] Die Emotion
excited [ɪkˈsaɪtɪd] aufgeregt
goofy [ˈguːfɪ] doof
happy [ˈhæpɪ] glücklich
hoping [ˈhəʊpɪŋ] hoffend
hungry [ˈhʌŋgrɪ] hungrig
lonely [ˈləʊnlɪ] einsam
mischievous [ˈmɪsʧɪvəs] spitzbübisch
nervous [ˈnɜːvəs] nervös
offended [əˈfend] beleidigt
sad [sæd] traurig
scared [skeəd] erschrocken
shocked [ʃɔkd] schockiert
sleepy [ˈsliːpɪ] schläfrig
surprised [səˈpraɪzd] überrascht
thirsty [ˈθɜːstɪ] durstig
tired [ˈtaɪəd] müde

Clothes Kleider

anorak [ˈæn(ə)ræk] Der Anorak
belt [belt] Der Gürtel
blouse [blaʊz] Die Bluse
boots [buːts] Der Stiefel
bracelet [ˈbreɪslɪt] Das Armband
cap [ˈkæp] Die Kappe
cardigan [ˈkɑːdɪgən] Die Strickjacke
clothes [kləʊðz] Die Kleider
coat [kəʊt] Der Mantel
dress [dres] Das Kleid
earring [ˈɪərɪŋ] Der Ohrring
fur coat [fɜː kəʊt] Der Pelzmantel
glasses [ˈglɑːsɪz] Die Brille
glove [glʌv] Der Handschuh
hat [hæt] Der Hut
jacket [ˈʤækɪt] Die Jacke
jeans [ʤiːnz] Die Jeans
jersey [ˈdʒɜːzɪ] Das Trikot
necklace [ˈnɛkləs] Die Halskette
nightie [ˈnaɪtɪ] Das Nachthemd
pyjamas [pəˈdʒɑːməs] Der Pyjama
raincoat [ˈreɪnkəʊt] Die Regenjacke

ring [rɪŋ] Der Ring
sandals ['sænd(ə)lz] Die Sandalen
scarf [skɑːf] Der Schal
shirt [ʃɜːt] Das Hemd
shoes [ʃuː] Die Schuhe
shorts [ʃɔːts] Die kurze Hose
skirt [skɜːt] Der Rock
slippers ['slɪpəz] Die Hausschuhe
sneakers ['sniːkəz] Die Turnschuhe
socks [sɔk] Die Socken
stockings ['stɔkɪŋz] Die Strümpfe
suit [s(j)uːt] Der Anzug
sweater ['swetə] Das Sweatshirt
swimsuit ['swɪmˌsuːt] Der Badeanzug
tie [taɪ] Die Krawatte
tights [taɪts] Die Strumpfhose
tracksuit ['træks(j)uːt] Der Trainingsanzug
trousers ['traʊzəz] Die Hose
T-shirt ['tiːʃɜːt] Das T-Shirt
umbrella [ʌm'brɛlə] Der Regenschirm
pants [pænts] Die Hose
watch [wɔtʃ] Die Uhr

House and furniture   Haus und Möbel

alarm clock [ə'lɑːmˌklɔk] Der Wecker
apartment [ə'pɑːtmənt] Die Wohnung
balcony ['bælkənɪ] Der Balkon
bathroom ['bɑːθruːm] Das Badezimmer
bed [bed] Das Bett
bedroom ['bedruːm] Das Schlafzimmer
bedspread ['bedspred] Die Tagesdecke
bench [benʧ] Die Bank
blanket ['blæŋkɪt] Die Decke
bookcase ['bʊkkeɪs] Das Bücherregal
carpet ['kɑːpɪt] Der Teppich
casket ['kɑːskɪt] Die Schatulle
chair [ʧeə] Der Sessel
closet ['klɔzɪt] Der Wandschrank
cupboard ['kʌbəd] Der Schrank
curtain ['kɜːtən] Der Vorhang
desk [desk] Der Schreibtisch
dining room ['daɪnɪŋˌrʊm] Das Esszimmer
door [dɔː] Die Tür
doorbell ['dɔːbel] Die Türklingel
downstairs ['daʊn'steəz] unten
furniture ['fɜːnɪʧə] Die Möbel
garage ['gærɑːʒ] Die Garage
hall [hɔːl] Der Flur
hallway ['hɔːlweɪ] Der Korridor
house [haʊs] Das Haus
interior [ɪn'tɪərɪə] Das Innere
kitchen ['kɪʧɪn] Die Küche
lamp [læmp] Die Lampe
living room ['lɪvɪŋˌrʊm] Das Wohnzimmer
mailbox ['meɪlbɔks] Der Briefkasten
mattress ['mætrəs] Die Matratze
mirror ['mɪrə] Der Spiegel
nightstand [naɪtstænd] Der Nachttisch
picture ['pɪkʧə] Das Bild
pillow ['pɪləʊ] Das Kissen
pillowcase ['pɪləʊkeɪs] Der Kissenbezug
roof [ruːf] Das Dach
room [ruːm] Das Zimmer
safe [seɪf] Der Safe
sheet [ʃiːt] Das Blatt
shelf [ʃelf] Das Regal
shower ['ʃəʊə] Die Dusche
sofa ['səʊfə] Das Sofa
stairs [steə'z] Die Treppe
stool [stuːl] Der Schemel
table ['teɪbl] Die Tabelle
toilet ['tɔɪlət] Die Toilette
upstairs [ʌp'steəz] nach oben
window ['wɪndəʊ] Das Fenster

Kitchen Die Küche
burner ['bɜ:nə] Der Brenner
cabinet ['kæbɪnət] Der Küchenschrank
canister ['kænɪstə] Der Kanister
chair [ʧeə] Der Sessel
cookbook ['kʊkbʊk] Das Kochbuch
dishwasher ['dɪʃˌwɔʃə] Der Geschirrspüler
faucet ['fɔ:sɪt] Der Wasserhahn
freezer ['fri:zə] Der Gefrierschrank
kitchen ['kɪtʃɪn] Die Küche
kitchenware ['kɪʧɪnweə] Das Geschirr
microwave ['maɪkrə(ʊ)weɪv] Die Mikrowelle
oven ['ʌv(ə)n] Der Ofen
refrigerator [rɪ'frɪʤ(ə)reɪtə] Der Kühlschrank
sink [sɪŋk] Das Waschbecken
sponge [spʌnʤ] Der Schwamm
stove [stəʊv] Der Herd
table ['teɪbl] Die Tabelle
toaster ['təʊstə] Der Toaster
towel ['taʊəl] Das Handtuch
Tableware Das Geschirr
bottle ['bɔtl] Die Flasche
bowl [bəʊl] Die Schüssel
coffeepot ['kɔfɪpɔt] Die Kaffeetasse
cup [kʌp] Die Tasse
fork [fɔ:k] Die Gabel
frying pan ['fraɪɪŋˌpæn] Die Bratpfanne
glass [glɑ:s] Das Glas
jug [ʤʌg] Der Krug
kettle ['ketl] Der Kessel
knife [naɪf] Das Messer
lid [lɪd] Der Deckel
mug [mʌg] Der Becher
napkin ['næpkɪn] Die Serviette
pan [pæn] Die Pfanne
pepper shaker ['pepəʃeɪkə] Der Pfefferstreuer
plate [pleɪt] Der Teller
salt shaker [sɔ:lt 'ʃeɪkə] Der Salzstreuer
saucepan ['sɔ:spən] Der Kochtopf
spoon [spu:n] Der Löffel
sugar bowl ['ʃʊgə bəʊl] Die Zuckerschüssel
tableware ['teɪblweə] Das Geschirr
teapot ['ti:pɔt] Die Teekanne
Food Essen
baked [beɪkt] gebacken
bean [bi:n] Die Bohne
beef [bi:f] Das Rindfleisch
bitter ['bɪtə] bitter
bread [bred] Das Brot
butter ['bʌtə] Die Butter
cake [keɪk] Der Kuchen
candy ['kændɪ] Die Süßigkeiten
caviar ['kævɪɑ:] Der Kaviar
cheese [ʧi:z] Der Käse
chicken ['ʧɪkɪn] Das Hähnchen
chocolate ['ʧɔklət] Die Schokolade
cocktail ['kɔkteɪl] Der Cocktail
cocoa ['kəʊkəʊ] Der Kakao
coffee ['kɔfɪ] Der Kaffee
cookie ['kʊkɪ] Das Plätzchen
croissant ['krwɑ:sɑ:ŋ] Das Croissant
cutlet ['kʌtlət] Das Kotelett
egg [eg] Das Ei
fish [fɪʃ] Der Fisch
flour ['flaʊə] Das Mehl
food [fu:d] Das Lebensmittel
fried [fraɪd] gebraten
fruit [fru:t] Die Frucht
ham [hæm] Der Schinken
ice cream [ˌaɪs'kri:m] Das Eis
jam [ʤæm] Die Marmelade

jelly ['ʤelɪ] Das Gelee
juice [ʤu:s] Der Saft
ketchup ['keʧʌp] Der Ketchup
macaroni [ˌmæk(ə)'rəʊnɪ] Die Makkaroni
mayonnaise [ˌmeɪə'neɪz] Die Mayonnaise
meat [mi:t] Das Fleisch
milk [mɪlk] Die Milch
pancake ['pænkeɪk] Der Pfannkuchen
pasta ['pæstə] Die Pasta
pepper ['pepə] Der Pfeffer
pie [paɪ] Der Kuchen
pizza ['pi:tsə] Die Pizza
pork [pɔ:k] Das Schweinefleisch
porridge ['pɔrɪʤ] Der Haferbrei
potato [pə'teɪtəʊ] Die Kartoffel
rice [raɪs] Der Reis
salad ['sæləd] Der Salat
salt [sɔ:lt] Das Salz
salted ['sɔ:ltɪd] gesalzen
sandwich ['sænwɪʤ] Das Sandwich
sauce [sɔ:s] Die Soße
sausage ['sɔsɪʤ] Die Wurst
soup [su:p] Die Suppe
sour ['saʊə] sauer
spice [spaɪs] würzen
steak [steɪk] Das Steak
sugar ['ʃʊgə] Der Zucker
sweet [swi:t] süß
tea [ti:] Der Tee
vegetables ['veʤ(ə)təbls] Das Gemüse

Meat and fish Fleisch und Fisch

meat [mi:t] Das Fleisch
beef [bi:f] Das Rindfleisch
lamb [læm] Das Lamm
mutton [mʌtn] Das Hammelfleisch
pork [pɔ:k] Das Schweinefleisch
veal [vi:l] Das Kalbfleisch
venison ['vɛnɪs(ə)n] Das Wild
bacon ['beɪkən] Der Speck
ham [hæm] Der Schinken
liver ['lɪvə] Die Leber
kidneys ['kɪdnɪz] Die Nieren
poultry ['pəʊltrɪ] Das Geflügel
chicken ['tʃɪkɪn] Das Hähnchen
turkey ['tɜ:kɪ] Der Truthahn
duck [dʌk] Die Ente
goose [gu:s] Die Gans
fish [fɪʃ] Der Fisch
cod [kɔd] Der Kabeljau
trout [traʊt] Die Forelle
salmon ['sæmən] Der Lachs
hake [heɪk] Der Seehecht
plaice [pleɪs] Die Scholle
mackerel ['mæk(ə)rəl] Die Makrele
sardine [sɑ:'di:n] Die Sardine
herring ['hɛrɪŋ] Der Hering
seafood ['si:fu:d] Die Meeresfrüchte
prawn [prɔ:n] Die Garnele
shrimp [ʃrɪmp] Die Garnele
mussel ['mʌs(ə)l] Die Muschel
oyster ['ɔɪstə] Die Auster
lobster ['lɔbstə] Der Hummer
squid [skwɪd] Der Tintenfisch
crab [kræb] Die Krabbe

Fruit Die Frucht

apple ['æpl] Der Apfel
apricot ['eɪprɪkɔt] Die Aprikose
banana [bə'nɑ:nə] Die Banane
fruit [fru:t] Die Frucht
grape [greɪp] Die Traube
grapefruit ['greɪpfru:t] Die Grapefruit
kiwi ['ki:wi:] Die Kiwi
lemon ['lemən] Die Zitrone
lime [laɪm] Die Limette
mango ['mæŋgəʊ] Die Mango

melon ['melən] Die Melone
peach [piːʧ] Der Pfirsich
pear [peə] Die Birne
pineapple ['paɪnæpl] Die Ananas
plum [plʌm] Die Pflaume

Vegetables Das Gemüse

beans [biːnz] Die Bohnen
beet [biːt] Die Zuckerrüben
cabbage ['kæbɪʤ] Der Kohl
carrot ['kærət] Die Karotte
celery ['sel(ə)rɪ] Der Sellerie
cucumber ['kjuːkʌmbə] Die Gurke
dill [dɪl] Der Dill
eggplant ['egplɑːnt] Die Aubergine
garlic ['gɑːlɪk] Der Knoblauch
onion ['ʌnjən] Die Zwiebel
parsley ['pɑːslɪ] Die Petersilie
pea [piː] Die Erbse
pepper ['pepə] Der Pfeffer
potato [pə'teɪtəʊ] Die Kartoffel
pumpkin ['pʌmpkɪn] Der Kürbis
radish ['rædɪʃ] Der Rettich
tomato [tə'mɑːtəʊ] Die Tomate
vegetable ['veʤ(ə)təbl] Das Gemüse

Beverages Die Getränke

alcohol ['ælkəhɔl] Alkohol
alcoholic beverage [ælkə'hɔlɪk 'bevərɪʤ] alkoholisches Getränk
beer [bɪə] Das Bier
beverage ['bɛvərɪdʒ] Das Getränk
cocktail ['kɔkteɪl] Der Cocktail
cocoa ['kəʊkəʊ] Der Kakao
coffee ['kɔfɪ] Der Kaffee
drink [drɪŋk] Das Getränk
fruit juice [fruːt dʒuːs] Der Fruchtsaft
iced tea [aɪst tiː] Der Eistee
juice [dʒuːs] Der Saft
lemonade [ˌlɛmə'neɪd] Die Limonade
milk [mɪlk] Die Milch
milkshake ['mɪlkʃeɪk] Der Milchshake
orange juice ['ɔrɪndʒ dʒuːs] Der Orangensaft
soft drink [sɔft drɪŋk] Das alkoholfreie Getränk
tea [tiː] Der Tee
tomato juice [tə'mɑːtəʊ dʒuːs] Der Tomatensaft
vegetable juice ['vɛdʒ(ə)təbl dʒuːs] Der Gemüsesaft
water ['wɔːtə] Das Wasser
wine [waɪn] Der Wein

Cooking Das Kochen

add [æd] hinzufügen
bake [beɪk] backen
beat [biːt] schlagen
boil [bɔɪl] kochen
chop [tʃɔp] hacken
cook [kʊk] kochen
cooking ['kʊkɪŋ] kochend
fry [fraɪ] braten
grate [greɪt] reiben
grill [grɪl] grillen
melt [mɛlt] schmelzen
mince [mɪns] zerkleinern
mix [mɪks] mischen
peel [piːl] schälen
pour [pɔː] gießen
roast [rəʊst] braten
sift [sɪft] sieben
simmer ['sɪmə] kochen
slice [slaɪs] schneiden
stir [stɜː] rühren
wash [wɔʃ] waschen
weigh [weɪ] wiegen
whisk [wɪsk] verquirlen

Housekeeping Der Haushalt

air [eər] Die Luft
bleach [bli:tʃ] bleichen
broom [bru:m] Der Besen
bucket ['bʌkɪt] Der Eimer
cleanser ['klɛnzə] Das Reinigungsmittel
clothespin ['kləʊðzpɪn] Die Wäscheklammer
dirt [dɜ:rt] Der Schmutz
dust [dʌst] Der Staub
dustpan ['dʌs(t)pæn] Die Schaufel
empty ['emptɪ] leer
garbage ['gɑ:rbɪdʒ] Der Müll
housekeeping ['haʊski:pɪŋ] Die Haushaltung
iron ['aɪən] Das Bügeleisen
ironing board ['aɪənɪŋbɔ:d] Das Bügelbrett
laundry ['lɔ:ndrɪ] Die Wäsche
laundry detergent ['lɔ:ndrɪ dɪ'tɜ:dʒ(ə)nt] Das Waschmittel
mop [mɔp] Der Mopp
rag [ræg] Der Lappen
sponge [spʌndʒ] Der Schwamm
sweep [swi:p] fegen
trash can ['træʃˌkæn] Der Mülleimer
vacuum cleaner ['vækju:mˌkli:nə] Der Staubsauger
wipe [waɪp] wischen

Body care Die Körperpflege

care [keə] Die Pflege
cologne [kə'ləʊn] Das Eau de Cologne
comb [kəʊm] Der Kamm
dental floss [ˌdentl'flɔs] Die Zahnseide
deodorant [dɪ'əʊd(ə)r(ə)nt] Das Deodorant
fan [fæn] Der Ventilator
freshener ['freʃ(ə)nə] Das Erfrischungsmittel
hairpin ['heəpɪn] Die Haarnadel
hamper ['hæmpə] Der Korb
hygiene ['haɪʤi:n] Die Hygiene
lipstick ['lɪpstɪk] Der Lippenstift
mascara [mæ'skɑ:rə] Die Wimperntusche
mirror ['mɪrə] Der Spiegel
mouthwash ['maʊθwɔʃ] Das Mundwasser
nail polish ['neɪlˌpɔlɪʃ] Die Nagelpolitur
perfume ['pɜ:fju:m] Das Parfüm
razor ['reɪzə] Der Rasierer
scale [skeɪl] Die Waage
scissors ['sɪzəz] Die Schere
shampoo [ʃæm'pu:] Das Shampoo
shaving cream ['ʃeɪvɪŋˌkri:m] Der Rasierschaum
shower ['ʃəʊə] Die Dusche
sink [sɪŋk] Das Waschbecken
soap [səʊp] Die Seife
sponge [spʌnʤ] Der Schwamm
toilet ['tɔɪlət] Die Toilette
toothbrush ['tu:θbrʌʃ] Die Zahnbürste
toothpaste ['tu:θpeɪst] Die Zahnpasta
towel ['taʊəl] Das Handtuch
tweezers ['twi:zəz] Die Pinzette

Weather Das Wetter

breeze [bri:z] Die Brise
bright [braɪt] hell
chilly ['ʧɪlɪ] frostig
cloudy ['klaʊdɪ] bewölkt
cold [kəʊld] kalt
cool [ku:l] kühl
fog [fɔg] Der Nebel
foggy ['fɔgɪ] neblig
frosty ['frɔstɪ] eisig

hail [heɪl] Der Hagel
heat [hiːt] Die Hitze
hot [hɔt] heiß
lightning ['laɪtnɪŋ] Der Blitz
mist [mɪst] Der Nebel
rain [reɪn] Der Regen
rainy ['reɪnɪ] regnerisch
shower ['ʃaʊə] Der Regenschauer
snow [snəʊ] Der Schnee
sunny ['sʌnɪ] sonnig
temperature ['tɛmp(ə)rətʃə] Die Temperatur
weather [‘weðə] Das Wetter
wind [wɪnd] Der Wind
windy ['wɪndɪ] windig

Transport Der Transport

airplane ['eəpleɪn] Da**s** Flugzeug
ambulance ['æmbjələn(t)s] Der Krankenwagen
bicycle ['baɪsɪk(ə)l] Das Fahrrad
boat [bəʊt] Das Boot
bus [bʌs] Der Bus
car [kɑː] Das Auto
helicopter ['helɪkɔptə] Der Hubschrauber
motorcycle ['məʊtəˌsaɪkl] Das Motorrad
police car [pə'liːs kɑː] Das Polizeiauto
road [rəʊd] Die Straße
sailboat ['seɪlbəʊt] Das Segelboot
scooter ['skuːtə] Der Roller
ship [ʃɪp] Das Schiff
street [striːt] Die Straße
traffic light ['træfɪk 'laɪt] Die Ampel
train [treɪn] Der Zug
tram [trəm] Die Tram
transport [ˌtræn(t)spɔː't] Der Transport
truck [trʌk] Der LKW
van [væn] Der Van

City Die Stadt

alley ['ælɪ] Die Gasse
area ['ɛ(ə)rɪə] Der Bereich
avenue ['ævɪnjuː] Die Allee
bakery ['beɪkərɪ] Die Bäckerei
bank ['bɑnk] Die Bank
bar [bɑ:] Die Bar
baths [bɑ:θs] Die Badeanstalt
bench [bentʃ] Die Bank
bookstore ['bʊkstɔː] Die Buchhandlung
bridge [brɪdʒ] Die Brücke
building ['bɪldɪŋ] Das Gebäude
bus stop [bʌs stɔp] Die Bushaltestelle
cafe ['kæfeɪ] Das Café
car park [kɑ:pɑ:k] Der Parkplatz
church [tʃɜːtʃ] Die Kirche
cinema ['sɪnɪmə] Das Kino
circus ['sə:kəs] Der Zirkus
city ['sɪtɪ] Die Stadt
coffee shop ['kɔfɪˌʃɔp] Das Café
corner ['kɔ:nə] Die Ecke
crossing ['krɔsɪŋ] Die Kreuzung
crosswalk ['krɔswɔ:k] Die Fußgängerbrücke
dentist's ['dentɪstz] Die Zahnarztpraxis
department store [dɪ'pɑ:tmənt'stɔ:] Das Kaufhaus
doctor's ['dɔktəz] Der Arzt
drugstore ['drʌgstɔː] Die Drogerie
fire station ['faɪə'steɪʃən] Die Feuerwehr
flower shop ['flaʊə ʃɔp] Das Blumengeschäft
flower-bed ['flaʊəbed] Das Blumenbeet
fountain ['faʊntɪn] Der Brunnen
gallery ['gælərɪ] Die Galerie
gas station [gæs 'steɪʃ(ə)n] Die Tankstelle
gate [geɪt] Das Tor

hair salon [heəsæ'lɔ:ŋ] Der Friseur
hospital ['hɔspɪt(ə)l] Das Krankenhaus
hotel [həʊ'tɛl] Das Hotel
intersection [ˌɪntə'sekʃən] Die Straßenkreuzung
library ['laɪbr(ə)rɪ] Die Bibliothek
map [mæp] Die Karte
market ['mɑ:kɪt] Der Markt
monument ['mɔnjʊmənt] Das Monument
movie theater ['mu:vɪ'θɪətə] Das Kino
museum [mju:'zɪəm] Das Museum
nightclub [naɪtklʌb] Der Nachtclub
palace ['pælɪs] Der Palast
park [pɑ:k] Der Park
parking lot ['pɑ:kɪŋ'lɔt] Der Parkplatz
pavement ['peɪvmənt] Das Pflaster
pedestrian crossing [pɪ'destrɪən'krɔsɪŋ] Der Zebrastreifen
pharmacy ['fɑ:məsɪ] Die Apotheke
picture gallery ['pɪkʧə'gælərɪ] Die Bildergalerie
police [pə'li:s] Die Polizei
pool [pu:l] Das Schwimmbad
post office [pəʊst 'ɔfɪs] Die Post
restaurant ['restərɔnt] Das Restaurant
road [rəʊd] Die Straße
road sign [rəʊdsaɪn] Das Straßenschild
school [sku:l] Die Schule
seat [si:t] Der Sitz
shop [ʃɔp] Das Geschäft
sidewalk ['saɪdwɔ:k] Der Bürgersteig
skyscraper ['skaɪˌskreɪpə] Der Wolkenkratzer
square [skwɛə] Der Platz
stadium ['steɪdjəm] Das Stadion
stall [stɔ:l] Der Stall
statue ['stætju:] Die Statue
store [stɔ:] Das Geschäft
street [stri:t] Die Straße
street map [stri:tmæp] Die Straßenkarte
suburb ['sʌbə:b] Der Vorort
subway ['sʌbweɪ] Die U-Bahn
supermarket ['s(j)u:pəˌmɑ:kɪt] Der Supermarkt
swimming pool ['swɪmɪŋpu:l] Das Schwimmbad
taxi-rank ['tæksɪræŋk] Der Taxistand
theatre ['θɪətə] Das Theater
town [taʊn] Die Stadt
town plan [taʊnplæn] Der Stadtplan
town square [taʊnskweə] Der Stadtplatz
traffic lights ['træfɪklaɪts] Die Ampeln
train station [treɪn 'steɪʃ(ə)n] Der Bahnhof
underground [ˌʌndə'graʊnd] Die Untergrundbahn
underpass ['ʌndəpɑ:s] Die Unterführung
university [ˌju:nɪ'vɜ:sɪtɪ] Die Universität
zoo [zu:] Der Zoo

School Die Schule

backpack ['bækpæk] Der Rucksack
bell [bɛl] Die Glocke
biology [baɪ'ɔlədʒɪ] Die Biologie
blackboard ['blækbɔ:d] Die Tafel
break [breɪk] Die Unterbrechung
calculator ['kælkjʊleɪtə] Der Taschenrechner
chair [ʧeə] Der Sessel
chalk [ʧɔ:k] Die Kreide
chemistry ['kɛmɪstrɪ] Die Chemie
clamp [klæmp] Die Klemme
classroom ['klɑ:srʊm] Das Klassenzimmer
clip [klɪp] Der Clip
clipboard ['klɪpbɔ:d] Das Klemmbrett

clock [klɔk] Die Uhr
correction fluid [kə'rɛkʃ(ə)nˌfluːɪd] Die Korrekturflüssigkeit
curriculum [kə'rɪkjʊləm] Der Lehrplan
desk [desk] Der Schreibtisch
drawing ['drɔːɪŋ] Die Zeichnung
education [ˌɛdjʊ'keɪʃ(ə)n] Die Bildung
eraser [ɪ'reɪzə] Der Radiergummi
exam [ɪg'zæm] Die Prüfung
examination [ɪgˌzæmɪ'neɪʃ(ə)n] Die Untersuchung
file [faɪl] Die Datei
geography [dʒɪ'ɔgrəfɪ] Die Erdkunde
globe [gləʊb] Der Globus
glue [gluː] kleben
headmaster [ˌhɛd'mɑːstə] Der Schulleiter
highlighter ['haɪlaɪtə] Der Textmarker
history ['hɪst(ə)rɪ] Die Geschichte
holiday ['hɔlɪdɪ] Der Urlaub
lesson ['lɛs(ə)n] Die Lektion
locker ['lɔkə] Das Schließfach
map [mæp] Die Karte
mark [mɑːk] Das Kennzeichen
marker ['mɑːkə] Der Marker
mathematics [ˌmæθɪ'mætɪks] Die Mathematik
music ['mjuːzɪk] Die Musik
notebook ['nəʊtbʊk] Das Notizbuch
notepad ['nəʊtpæd] Der Notizblock
office supplies ['ɔfɪs sə'plaɪs] Der Bürobedarf
paper ['peɪpə] Das Papier
pen [pen] Der Stift
pencil ['pen(t)s(ə)l] Der Bleistift
pencil case ['pen(t)s(ə)lˌkeɪs] Das Mäppchen
physics ['fɪɪzɪks] Die Physik
puncher [pʌntʃ] der Locher
pupil ['pjuːp(ə)l] Der Schüler
pushpin ['pʊʃpɪn] Die Reißzwecke
ruler ['ruːlə] Das Lineal
school [skuːl] Die Schule
scissors ['sɪzəz] Die Schere
scotch tape ['skɔtʃˌteɪp] Der Tesafilm
semester [sɪ'mɛstə] Das Semester
sharpener [ʃɑːp(ə)nə] Der Anspitzer
stapler ['steɪplə] Der Hefter
staples ['steɪpls] Die Heftklammern
stationery ['steɪʃ(ə)n(ə)rɪ] Die Schreibwaren
sticker ['stɪkə] Der Aufkleber
student ['stjuːd(ə)nt] Der Schüler
tape [teɪp] Das Band
teacher ['tiːtʃə] Der Lehrer
test [tɛst] Der Test
textbook ['tekstbʊk] Das Lehrbuch
timetable ['taɪmˌteɪb(ə)l] Der Zeitplan

Professions Die Berufe

accountant [ə'kaʊntənt] Der Buchhalter
actor ['æktə] Der Schauspieler
administrator [əd'mɪnɪstreɪtə] Der Administrator
architect ['ɑːkɪtɛkt] Der Architekt
artist ['ɑːtɪst] Der Künstler
athlete ['æθliːt] Der Athlet
barber ['bɑːbə] Der Herrenfriseur
barman ['bɑːmən] Der Barkeeper
bodyguard ['bɔdɪgɑːd] Der Leibwächter
builder ['bɪldə] Der Erbauer
cashier [kə'ʃɪə] Der Kassierer
cleaner ['kliːnə] Der Reiniger
coach [kəʊtʃ] Der Trainer
composer [kəm'pəʊzə] Der Komponist
consultant [kən'sʌlt(ə)nt] Der Berater
cook [kʊk] Der Koch

courier ['kʊrɪə] Der Kurier
dentist ['dɛntɪst] Der Zahnarzt
designer [dɪ'zaɪnə] Der Designer
doctor ['dɔktə] Der Arzt
driver ['draɪvə] Der Fahrer
economist [ɪ'kɔnəmɪst] Der Ökonom
electrician [ɪˌlɛk'trɪʃ(ə)n] Der Elektriker
engineer [ˌɛndʒɪ'nɪə] Der Ingenieur
financier [f(a)ɪ'nænsɪə] Der Financier
fireman [-'faɪəmən] Der FeuerwehrmannDer
guide [gaɪd] Der Führer
hairdresser ['hɛəˌdrɛsə] Der Friseur
interpreter [ɪn'tɜːprɪtə] Der Dolmetscher
journalist ['dʒɜːn(ə)lɪst] Der Journalist
lawyer ['lɔːjə] Der Anwalt
librarian [ɪˌlɛk'trɪʃ(ə)n] Der Bibliothekar
manager ['mænɪdʒə] Manager
military (man) ['mɪlɪt(ə)rɪ] Der Soldat
musician [mjuː'zɪʃ(ə)n] Der Musiker
nurse [nɜːs] Die Krankenschwester
photographer [fə'tɔgrəfə] Der Fotograf
plumber ['plʌmə] Der Klempner
policeman [-pə'liːsmən] Der Polizist
politician [ˌpɔlɪ'tɪʃ(ə)n] Der Politiker
postman [-'pəʊstmən] Der Briefträger
priest [priːst] Der Priester
profession [prə'fɛʃ(ə)n] Der Beruf
programmer ['prəʊgræmə] Der Programmierer
scientist ['saɪəntɪst] Der Wissenschaftler
secretary ['sɛkrət(ə)rɪ] Die Sekretärin
shop assistant ['ʃɔpəˌsɪstənt] Der Verkäufer
singer ['sɪŋə] Der Sänger
stylist ['staɪlɪst] Der Stylist
taxi driver ['tæksɪˌdraɪvə] Der Taxifahrer
teacher ['tiːtʃə] Der Lehrer
vet [vɛt] Der Tierarzt
waiter ['weɪtə] Die Bedienung
writer ['raɪtə] Der Schriftsteller

Actions Die Aktionen

bend [bend] biegen
carry ['kærɪ] tragen
catch [kæʧ] fangen
crawl [krɔːl] kriechen
dive [daɪv] tauchen
drag [dræg] ziehen
hit [hɪt] schlagen
hold [həʊld] halten
hop [hɔp] hüpfen
jump [ʤʌmp] springen
kick [kɪk] treten
lean [liːn] lehnen
lift [lɪft] aufheben
march [mɑːtʃ] marschieren
pull [pʊl] ziehen
push [pʊʃ] drücken
put [pʊt] stellen
run [rʌn] laufen
sit [sɪt] sitzen
skip [skɪp] überspringen
slap [slæp] schlagen
squat [skwɔt] hocken
stretch [streʧ] strecken
throw [θrəʊ] werfen
tiptoe ['tɪptəʊ] auf Zehenspitzen gehen
walk [wɔːk] gehen

Music Die Musik

accompaniment [tuː ə'kʌmpənɪ] Die musikalische Begleitung
accordion [ə'kɔːdjən] Das Akkordeon
album ['ælbəm] Das Album
bagpipe ['bægpaɪp] Der Dudelsack
balalaika [ˌbælə'laɪkə] Die Balalaika
ballet ['bæleɪ] Das Ballett

band [bænd] Das Band
bass [beɪs] Der Bass
bassoon [bə'su:n] Das Fagott
baton ['bætən] Der Taktstock
bow [baʊ] Der Bogen
brass instruments [brɑ:s 'ɪnstrəmənts] Die Blechbläser
cello ['ʧɛləʊ] Das Cello
chamber music ['ʧeɪmbə 'mju:zɪk] Die Kammermusik
clarinet [ˌklærɪ'nɛt] Die Klarinette
classical music ['klæsɪkəl 'mju:zɪk] Die klassische Musik
compose [tu: kəm'pəʊz] komponieren
composer [kəm'pəʊzə] Der Komponist
concert ['kɔnsət] Das Konzert
conductor [kən'dʌktə] Der Dirigent
cymbals ['sɪmbəlz] Das Becken
drum [drʌm] Die Trommel
drum sticks [drʌm stɪks] Die Trommelstöcke
flute [flu:t] Die Flöte
grand piano [grænd pɪ'ænəʊ] Der Konzertflügel
guitar [gɪ'tɑ:] Die Gitarre
harp [hɑ:p] Die Harfe
horn [hɔ:n] Das Horn
instrumental music [ˌɪnstrʊ'mɛntl 'mju:zɪk] Die Instrumentalmusik
loudspeaker [laʊd'spi:kə] Der Lautsprecher
microphone ['maɪkrəfəʊn] Das Mikrofon
musical instruments ['mju:zɪkl 'ɪnstrəmənts] Die Musikinstrumente
musician [mju:'zɪʃən] Der Musiker
oboe ['əʊbəʊ] Die Oboe
opera ['ɔpərə] Die Oper
operetta [ˌɔpə'rɛtə] Die Operette
orchestra ['ɔ:kɪstrə] Das Orchester
organ ['ɔ:gən] Die Orgel
percussion [pə'kʌʃən] Das Schlagzeug
piano [pɪ'ænəʊ] Das Klavier
recital [rɪ'saɪtl] Die Aufführung
saxophone ['sæksəfəʊn] Das Saxophon
single ['sɪŋgl] Die Single
soloist ['səʊləʊɪst] Der Solist
song [sɔŋ] Das Lied
sound [saʊnd] Der Klang
string instruments [strɪŋ 'ɪnstrəmənts] Die Streichinstrumente
symphony ['sɪmfənɪ] Die Symphonie
synthesizer ['sɪnθɪˌsaɪzə] Der Synthesizer
transcribe [tu: træns'kraɪb] transkribieren
trombone [trɔm'bəʊn] Die Posaune
trumpet ['trʌmpɪt] Die Trompete
tuba ['tju:bə] Die Tuba
video (clip) ['vɪdɪəʊ klɪp] Das Video (Clip)
viola [vɪ'əʊlə] Die Viola
violin [ˌvaɪə'lɪn] Die Geige
virtuoso [ˌvɜ:tjʊ'əʊzəʊ] Der Virtuose
wind instruments [wɪnd 'ɪnstrəmənts] Die Blasinstrumente

Sports Der Sport

aerobics [ɛə'rəʊbɪks] Das Aerobic
athletics [æθ'letɪks] die Leichtathletik
basketball ['bɑ:skɪtbɔ:l] Das Basketballspiel
bowling ['bəʊlɪŋ] Das Bowling
boxing ['bɔksɪŋ] Das Boxen
canoeing [kə'nu:ɪŋ] Der Kanusport
cycling ['saɪklɪŋ] Das Radfahren
dancing ['dɑ:nsɪŋ] Das Tanzen
diving ['daɪvɪŋ] Das Tauchen

football ['fʊtbɔːl] Das Fußballspiel
golf [gɔlf] Das Golf
gymnastics [ʤɪm'næstɪks] Die Gymnastik
hockey ['hɔkɪ] Das Eishockey
jogging ['ʤɔgɪŋ] Das Jogging
judo ['ʤuːdəʊ] Das Judo
karate [kə'rɑːtɪ] Das Karate
parachuting ['pærəʃuːtɪŋ] Das Fallschirmspringen
ping-pong ['pɪŋ,pɔŋ] Das Tischtennis
racing ['reɪsɪŋ] Das Rennen
sailing ['seɪlɪŋ] Das Segeln
shooting ['ʃuːtɪŋ] Das Schießen
skateboarding ['skeɪtbɔːdɪŋ] Das Skateboarding
skating ['skeɪtɪŋ] Das Skaten
skiing ['skiːɪŋ] Das Skifahren
sledding ['sledɪŋ] Das Schlittenfahren
swimming [swɪmɪŋ] Das Schwimmen
soccer ['sɔkə] Das Fußballspiel
tennis ['tenɪs] Das Tennis
volleyball ['vɔlɪbɔːl] Das Volleyballspiel
weightlifting ['weɪt,lɪftɪŋ] Das Gewichtheben
wrestling ['reslɪŋ] Das Ringen
yachting ['jɔtɪŋ] Das Segeln

Body Der Körper

ankle ['æŋkl] Der Knöchel
arm [ɑːm] Der Arm
back [bæk] Der Rücken
bald [bɔːld] kahl
beard [bɪəd] Der Bart
body ['bɔdɪ] Der Körper
bottom ['bɔtəm] Das Gesäß
calf (calves) [kɑːf] [kɑːvz] Die Waden
cheek [ʧiːk] Die Wange
chest [ʧest] Die Brust
chin [ʧɪn] Das Kinn
elbow ['elbəʊ] Der Ellbogen
eye(s) [aɪ] Das Auge (die Augen)
eyebrow ['aɪbraʊ] Die Augenbraue
eyelash ['aɪlæʃ] Die Wimper
eyelid ['aɪlɪd] Das Augenlid
face [feɪs] Das Gesicht
finger ['fɪŋgə] Der Finger
fingernail ['fɪŋgəneɪl] Der Fingernagel
foot (feet) [fʊt] [fiːt] Der Fuß (die Füße)
forehead ['fɔːhed] Die Stirn
glasses ['glɑːsɪz] Die Brille
hair [heə] Das Haar
hairy ['heərɪ] behaart
hand [hænd] Die Hand
head [hed] Der Kopf
heel [hiːl] Die Hacke
index finger ['ɪndeks 'fɪŋgə] Der Zeigefinger
knee [niː] Das Knie
leg [leg] Das Bein
lip(s) [lɪp] Die Lippe(n)
little finger ['lɪtl 'fɪŋgə] Der kleine Finger
man [mæn] Der Mann
middle finger ['mɪdl 'fɪŋgə] Der Mittelfinger
moustache [mə'stɑːʃ] Der Schnurrbart
mouth [maʊθ] Der Mund
neck [nek] Der Hals
nose [nəʊz] Die Nase
palm [pɑːm] Die Handinnenfläche
pupil ['pjuːp(ə)l] Die Pupille
ring finger [rɪŋ 'fɪŋgə] Der Ringfinger
shin [ʃɪn] Das Schienbein
shoulder ['ʃəʊldə] Die Schulter
stomach ['stʌmək] Der Bauch
sunglasses ['sʌn,glɑːsɪz] Die Sonnenbrille

thigh [θaɪ] Der Schenkel
thumb [θʌm] Der Daumen
toe [təʊ] Die Zehe
toenail ['təʊneɪl] Der Zehennagel
tongue [tʌŋ] Die Zunge
tooth (teeth) [tu:θ] [ti:θ] Der Zahn (die Zähne)
waist [weɪst] Die Taille
woman ['wʊmən] Die Frau

Nature Die Natur

beach [bi:ʧ] Der Strand
canyon ['kænjən] Die Schlucht
coast [kəʊst] Die Küste
desert ['dezət] Die Wüste
field [fi:ld] Das Feld
forest ['fɔrɪst] Der Wald
glacier ['glæsɪə] Der Gletscher
hill [hɪl] Der Hügel
hollow ['hɔləʊ] Die Höhle
island ['aɪlənd] Die Insel
jungle ['ʤʌŋgl] Der Dschungel
lake [leɪk] Die See
mountain ['maʊntɪn] Der Berg
nature ['neɪʧə] Die Natur
ocean ['əʊʃ(ə)n] Der Ozean
plain [pleɪn] Die Ebene
pond [pɔnd] Der Teich
river ['rɪvə] Der Fluss
rock [rɔk] Der Felsen
sea [si:] Das Meer

Pet Das Haustier

cat [kæt] Die Katze
dog [dɔg] Der Hund
guinea pig ['gɪnɪˌpɪg] Das Meerschweinchen
hamster ['hæmstə] Der Hamster
horse [hɔ:s] Das Pferd
kitten [kɪtn] Das Kätzchen
pet [pɛt] Das Haustier
pig [pɪg] Das Schwein
piglet ['pɪglɪŋ] Das Ferkel
puppy ['pʌpɪ] Der Welpe
rabbit
['ræbɪt] Der Hase

Animals Die Tiere

animal ['ænɪm(ə)l] Das Tier
bat [bæt] Die Fledermaus
bear [beə] Der Bär
beaver ['bi:və] Der Biber
bison ['baɪs(ə)n] Der Bison
camel ['kæm(ə)l] Das Kamel
chimpanzee [ˌtʃɪmpæn'zi:] Der Schimpanse
deer [dɪə] Der Hirsch
donkey ['dɔŋkɪ] Der Esel
elephant ['elɪfənt] Der Elefant
fox [fɔks] Der Fuchs
giraffe [ʤɪ'rɑ:f] Die Giraffe
gorilla [gə'rɪlə] Der Gorilla
hippopotamus [ˌhɪpə'pɔtəməs] Das Nilpferd
horse [hɔ:s] Das Pferd
hyena [haɪ'i:nə] Die Hyäne
kangaroo [ˌkæŋg(ə)'ru:] Das Känguru
koala [kəʊ'ɑ:lə] Der Koala
leopard ['lɛpəd] Der Leopard
lion ['laɪən] Der Löwe
llama ['lɑ:mə] Das Lama
monkey ['mʌŋkɪ] Der Affe
moose [mu:s] Der Elch
mouse [maʊs] Die Maus
panda ['pændə] Der Pandabär
pig [pɪg] Das Schwein
rabbit ['ræbɪt] Der Hase
rat [ræt] Die Ratte
rhinoceros [raɪ'nɔs(ə)rəs] Das Nashorn

skunk [skʌŋk] Der Skunk
squirrel ['skwɪrəl] Das Eichhörnchen
tiger ['taɪgə] Der Tiger
wolf [wʊlf] Der Wolf
zebra ['zebrə] Das Zebra

Birds Die Vögel

bird [bɜːd] Der Vogel
canary [kæ'nɛ(ə)rɪ] Der Kanarienvogel
chicken ['ʧɪkɪn] Das Hühnchen
crane [kreɪn] Der Kranich
crow [krəʊ] Die Krähe
cuckoo ['kʊkuː] Der Kuckuck
duck [dʌk] Die Ente
eagle ['iːg(ə)l] Der Adler
flamingo [flə'mɪŋgəʊ] Der Flamingo
goose [guːs] Die Gans
hawk [hɔːk] Der Falke
hummingbird ['hʌmɪŋbɜːd] Der Kolibri
ostrich ['ɔstrɪtʃ] Der Vogel Strauß
owl [aʊl] Die Eule
parrot ['pærət] Der Papagei
peacock ['piːkɔk] Der Pfau
pelican ['pɛlɪkən] Der Pelikan
penguin ['pɛŋgwɪn] Der Pinguin
pheasant ['fɛz(ə)nt] Der Fasan
pigeon ['pɪdʒɪn] Die Taube
seagull ['siːgʌl] Die Möwe
sparrow ['spærəʊ] Der Spatz
stork [stɔːk] Der Storch
swallow ['swɔləʊ] Die Schwalbe
swan [swɔn] Der Schwan
woodpecker ['wʊd,pɛkə] Der Specht

Flowers Die Blumen

bouquet [buː'keɪ-] Der Strauß
camellia [kə'miːlɪə] Die Kamelie
carnation [kɑː'neɪʃ(ə)n] Die Nelke
crocus ['krəʊkəs] Der Krokus
daffodil ['dæfədɪl] Die Narzisse
dahlia ['deɪljə] Die Dahlie
daisy ['deɪzɪ] Das Gänseblümchen
dandelion ['dændɪlaɪən] Der Löwenzahn
flower ['flaʊə] Die Blume
gladiolus ['glædɪ'əʊləsɪz] Die Gladiole
iris ['aɪ(ə)rɪs] Die Iris
lavender ['lævɪndə] Das Lavendel
lily ['lɪlɪ] Die Lilie
lotus ['ləʊtəs] Der Lotus
narcissus [nɑː'sɪsəsɪz] Die Narzisse
orchid ['ɔːkɪd] Die Orchidee
peony ['piːənɪ] Die Pfingstrose
poppy ['pɔpɪ] Der Mohn
rose [rəʊz] Die Rose
snowdrop ['snəʊdrɔp] Das Schneeglöckchen
sunflower ['sʌn,flaʊə] Die Sonnenblume
tulip ['tjuːlɪp] Die Tulpe
violet ['vaɪəlɪt] Das Veilchen

Trees Die Bäume

bark [bɑːk] Die Akazie
beech [biːtʃ] Die Buche
birch [bɜːtʃ] Die Birke
branch [brɑːntʃ] Der Ast
chestnut ['tʃɛsnʌt] Die Kastanie
cone [kəʊn] Der Kegel
fir [fɜː] Die Tanne
forest ['fɔrɪst] Der Wald
leaf [liːf] Das Blatt
linden ['lɪndən] Die Linde
maple ['meɪp(ə)l] Der Ahorn
oak [əʊk] Die Eiche
palm [pɑːm] Die Palme
pine [paɪn] Die Kiefer
poplar ['pɔplə] Die Pappel
root [ruːt] Die Wurzel
tree [triː] Der Baum
trunk [trʌŋk] Der Baumstamm

willow ['wɪləʊ] Die Weide

Sea Das Meer

alligator ['ælɪgeɪtə] Der Alligator
cachalot ['kæʃəlɔt] Der Cachalot
coral ['kɔrəl] Die Koralle
crab [kræb] Die Krabbe
crayfish ['kreɪfɪʃ] Der Flusskrebs
crocodile ['krɔkədaɪl] Das Krokodil
dolphin ['dɔlfɪn] Der Delfin
fish [fɪʃ] Der Fisch
frog [frɔg] Der Frosch
jellyfish ['ʤelɪfɪʃ] Die Qualle
lobster ['lɔbstə] Der Hummer
mollusc ['mɔləsk] Das Weichtier
ocean ['əʊʃ(ə)n] Der Ozean
octopus ['ɔktəpəs] Der Tintenfisch
otter ['ɔtə] Der Otter
sea [siː] Das Meer
sea snake ['siːˌsneɪk] Die Seeschlange
seal [siːl] Der Seehund
shark [ʃɑːk] Der Hai
shellfish ['ʃelfɪʃ] Die Meeresfrüchte
shrimp [ʃrɪmp] Die Garnele
snail [sneɪl] Die Schnecke
starfish ['stɑːˌfɪʃ] Der Seestern
swordfish ['sɔːdˌfɪʃ] Der Schwertfisch
tortoise ['tɔːtəs] Die Schildkröte
turtle ['tɜːtl] Die Schildkröte
walrus ['wɔːlrəs] Das Walross
whale [(h)weɪl] Der Wal

Colors Die Farben

yellow ['jeləʊ] gelb
green [griːn] grün
blue [bluː] blau
brown [braʊn] braun
white [waɪt] weiß
red [red] rot
orange ['ɔrɪndʒ] orange
pink [pɪŋk] rosa
gray [greɪ] grau
black [blæk] schwarz

Size Die Größe

size [saɪz] Die Größe
small [smɔːl] klein
big [bɪg] groß
medium ['miːdɪəm] mittel
little [lɪtl] klein
large [lɑːdʒ] groß
huge [hjuːdʒ] enorm
long [lɔŋ] lang
short [ʃɔːt] kurz
wide [waɪd] breit
narrow ['nærəʊ] eng
high [haɪ] hoch
tall [tɔːl] groß
low [ləʊ] niedrig
deep [diːp] tief
shallow ['ʃæləʊ] flach
thick [θɪk] dick
thin [θɪn] dünn
far [fɑː] weit
near [nɪə] in der Nähe von

Materials Die Materialien

brick [brɪk] Der Ziegel
cardboard ['kɑːdbɔːd] Der Karton
clay [kleɪ] Der Lehm
cloth [klɔθ] Das Tuch
concrete ['kɔŋkriːt] Der Beton
glass [glɑːs] Das Glas
leather ['lɛðə] Das Leder
material [mə'tɪ(ə)rɪəl] Das Material
metal [mɛtl] Das Metall
paper ['peɪpə] Das Papier
plastic ['plæstɪk] Der Kunststoff
rubber ['rʌbə] Das Gummi
stone [stəʊn] Der Stein

wood [wʊd] Das Holz
fabric [fə'brɪk] Der Stoff

Airport Der Flughafen

(air)plane [('ɛə)pleɪn] Das Flugzeug
airport ['ɛəpɔːt] Der Flughafen
aisle [aɪl] Der Gang
armrest ['ɑːmrɛst] Die Armlehne
backpack ['bækpæk] Der Rucksack
baggage ['bægɪdʒ] Das Gepäck
boarding ['bɔːdɪŋ] Das Einsteigen
cabin ['kæbɪn] Die Kabine
carry-on ['kærɪɔn] Das Fortfahren
cockpit ['kɔkpɪt] Der Cockpit
customs ['kʌstəmz] Der Zoll
delay [dɪ'leɪ] Die Verzögerung
destination [ˌdɛstɪ'neɪʃ(ə)n] Das Reiseziel
emergency [ɪ'mɜːdʒ(ə)n(t)sɪ] Der Notfall
flight [flaɪt] Der Flug
fuselage ['fjuːz(ə)lɑːʒ] Der Rumpf
gate [geɪt] Das Gate
landing ['lændɪŋ] Die Landung
lavatory ['lævət(ə)rɪ] Die Toilette
life vest ['laɪfvɛst] Die Rettungsweste
liquid ['lɪkwɪd] Die Flüssigkeit
passenger ['pæs(ə)ndʒə] Der Passagier
passport ['pɑːspɔːt] Der Reisepass
runway ['rʌnweɪ] Die Startbahn
schedule ['ʃɛdjuːl] Der Zeitplan
seat [siːt] Der Sitz
security, guard [sɪ'kjʊərɪtɪ, gɑːd] Der Sicherheitsbeamte
suitcase ['s(j)uːtkeɪs] Der Koffer
tail [teɪl] Das Heck
takeoff ['teɪkɔf] Das Abheben
terminal ['tɜːmɪn(ə)l] Der Terminal
ticket ['tɪkɪt] Die Fahrkarte
trolley ['trɔlɪ] Der Wagen
undercarriage ['ʌndəˌkærɪdʒ] Das Fahrwerk
visa ['viːzə] Das Visum
window ['wɪndəʊ] Das Fenster
wing [wɪŋ] Der Flügel

Geography Die Erdkunde

area ['eərɪə] Der Bereich
capital ['kæpɪtəl] Die Hauptstadt
city ['sɪtɪ] Die Stadt
country ['kəntrɪ] Das Land
district ['dɪstrɪkt] Der Kreis
region ['rɪʤən] Die Region
state [steɪt] Das Bundesland
town [toʊn] Die Stadt
village ['vɪlɪʤ] Das Dorf
cape [keɪp] Das Kap
cliff [klɪf] Das Kliff
glacier ['glæsɪə] Der Gletscher
hill [hɪl] Der Hügel
mountain ['maʊntɪn] Der Berg
mountain chain - Die Bergkette / Bergkette -
pass [pas] Der Pass
peak [pɪk] Die Spitze
plain [pleɪn] Die Ebene
plateau ['plætəʊ] Das Plateau
summit ['səmɪt] Der Gipfel
valley ['vælɪ] Das Tal
volcano [vɔl'keɪnəʊ] Der Vulkan
desert ['dezət] Die Wüste
equator [ɪ'kweɪtə] Der Äquator
forest ['fərɪst] Der Wald
highlands ['haɪlənd] Das Hochland
jungle ['jəŋgəl] Der Dschungel
lowlands [ləʊland] Das Tiefland
oasis [əʊ'eɪsɪs] Die Oase
swamp ['swɔmp] Der Sumpf
tropics ['trəpɪk] Die Tropen

tundra ['tʌndrə] Die Tundra
canal [kə'næl] Der Kanal
lake [leɪk] Die See
ocean ['əʊʃn] Der Ozean
ocean current Die Meeresströmung
pool / pond Der Pool / Teich
river ['rɪvər] Der Fluss
sea [sɪ] Das Meer
spring [sprɪŋ] Die Quelle
stream [strɪm] Der Strom

Crimes Das Verbrechen

arson ['ɑ:sn] Die Brandstiftung
assault [ə'sɔ:lt] Der Angriff
bigamy ['bɪgəmɪ] Die Bigamie
blackmail ['blækmeɪl] Die Erpressung
bribery ['braɪbərɪ] Die Bestechung
burglary ['bɜ:glərɪ] Der Einbruch
child abuse [tʃaɪld ə'bju:s] Der Kindesmissbrauch
conspiracy [kən'spɪrəsɪ] Die Verschwörung
espionage ['espɪənɑ:ʒ] Die Spionage
forgery ['fɔ:dʒərɪ] Die Fälschung
fraud [frɔ:d] Der Betrug
genocide ['dʒenəsaɪd] Der Völkermord
hijacking ['haɪdʒækɪŋ] Die Entführung
homicide ['hɔmɪsaɪd] Der Mord
kidnapping ['kɪdnæpɪŋ] Die Entführung
manslaughter ['mænslɔ:tə] Der Totschlag
mugging ['mʌgɪŋ] Der Überfall
murder ['mɜ:də] Der Mord
perjury ['pɜ:dʒərɪ] Der Meineid
rape [reɪp] Die Vergewaltigung
riot ['raɪət] Das Randalieren
robbery ['rɔbərɪ] Der Raub
shoplifting ['ʃɔplɪftɪŋ] Der Ladendiebstahl
slander ['slɑ:ndə] Die Verleumdung
smuggling ['smʌglɪŋ] Der Schmuggel
treason ['tri:zn] Der Verrat
trespassing ['trespəsɪŋ] Das unerlaubte Betreten

Numbers Nummern

one [wʌn] eins
two [tu:] zwei
three [θri:] drei
four [fɔ:] vier
five [faɪv] fünf
six [sɪks] sechs
seven ['sev(ə)n] Sieben
eight [eɪt] acht
nine [naɪn] neun
ten [ten] zehn
eleven [ɪ'lev(ə)n] elf
twelve [twelv] zwölf
thirteen [θɜ:'ti:n] dreizehn
fourteen [ˌfɔ:'ti:n] vierzehn
fifteen [ˌfɪf'ti:n] fünfzehn
sixteen [ˌsɪk'sti:n] sechzehn
seventeen [ˌsev(ə)n'ti:n] siebzehn
eighteen [ˌeɪ'ti:n] achtzehn
nineteen [ˌnaɪn'ti:n] neunzehn
twenty ['twentɪ] zwanzig
twenty-one [ˌtwenɪ'wʌn] einundzwanzig
twenty-two [ˌtwenɪ'tʊ] zweiundzwanzig
thirty ['θɜ:tɪ] dreißig
forty ['fɔ:tɪ] vierzig
fifty ['fɪftɪ] fünfzig
sixty ['sɪkstɪ] sechzig
seventy ['sev(ə)ntɪ] siebzig
eighty ['eɪtɪ] achtzig
ninety ['naɪntɪ] neunzig
one hundred [wʌn 'hʌndrəd] einhundert

one hundred and one ...
einhundertundeins ...
two hundred zweihundert
one thousand [wʌn ‘θaʊz(ə)nd]
eintausend
one million [wʌn ‘mɪljən] eine Million

Ordinal numbers Ordnungszahlen

first [fɜ:st] erste
second ['sɛkənd] zweite
third [θɜ:d] dritte
fourth [fɔ:θ] vierte
fifth [fɪfθ] fünfte
sixth [sɪksθ] sechste
seventh ['sɛv(ə)nθ] siebte
eighth [eɪtθ] achte
ninth [naɪnθ] neunte
tenth [tɛnθ] zehnte
eleventh [ɪ'lɛv(ə)nθ] elfte
twelfth [twɛlfθ] zwölfte
thirteenth [ˌθɜ:'ti:nθ] dreizehnte
fourteenth [ˌfɔ:'ti:nθ] vierzehnte
fifteenth [fɪf'ti:nθ] fünfzehnte
sixteenth [ˌsɪk'sti:nθ] sechzehnte
seventeenth [ˌsɛv(ə)n'ti:nθ] siebzehnte
eighteenth [eɪ'ti:nθ] achtzehnte
nineteenth [ˌnaɪn'ti:nθ] neunzehnte
twentieth ['twɛntɪɪθ] zwanzigste
twenty-first ['twɛntɪ fɜ:st]
einundzwanzigste
twenty-second ['twɛntɪ 'sɛkənd]
zweiundzwanzigste
twenty-third ['twɛntɪ θɜ:d]
dreiundzwanzigste
twenty-fourth ['twɛntɪ fɔ:θ]
vierundzwanzigste
twenty-fifth ['twɛntɪ fɪfθ]
fünfundzwanzigste
twenty-sixth ['twɛntɪ sɪksθ]
sechsundzwanzigste
twenty-seventh ['twɛntɪ 'sɛv(ə)nθ]
siebenundzwanzigste
twenty-eighth ['twɛntɪ eɪtθ]
achtundzwanzigste
twenty-ninth ['twɛntɪ naɪnθ]
neunundzwanzigste
thirtieth ['θɜ:tɪɪθ] dreißigste
fortieth ['fɔ:tɪəθ] vierzigste
fiftieth ['fɪftɪɪθ] fünfzigste
sixtieth ['sɪkstɪɪθ] sechzigste
seventieth ['sɛv(ə)ntɪθ] siebzigste
eightieth ['eɪtɪəθ] achtzigste
ninetieth ['naɪntɪəθ] neunzigste
hundredth ['hʌndrədθ] hundertste
thousandth ['θaʊz(ə)ndθ] tausendste
millionth ['mɪljənθ] millionste

Buchtipps

Das Erste Englische Lesebuch für Anfänger Band 1 Zweisprachig mit Englisch-deutscher Übersetzung Niveaustufen A1 A2

Das Buch enthält einen Kurs für Anfänger und fortgeschrittene Anfänger, wobei die Texte auf Deutsch und auf Englisch nebeneinanderstehen. Die Motivation der Leser wird durch lustige Alltagsgeschichten über das Kennenlernen neuer Freunde, Studieren, die Arbeitssuche, das Arbeiten etc. aufrechterhalten. Die dabei verwendete Methode basiert auf der natürlichen menschlichen Gabe, sich Wörter zu merken, die immer wieder und systematisch im Text auftauchen. Sätze werden stets aus den in den vorherigen Kapiteln erklärten Wörtern gebildet. Das zweite und die folgenden Kapitel des Anfängerkurses haben nur jeweils etwa dreißig neue Wörter. Die Audiodateien sind auf www.audiolego.com/Band_1.html inklusive erhältlich.

Das Erste Englische Lesebuch für Anfänger Band 2 Zweisprachig mit Englisch-deutscher Übersetzung Niveaustufe A2

Dieses Buch ist Band 2 des Ersten Englischen Lesebuches für Anfänger. Die Motivation der Leser wird durch lustige Alltagsgeschichten aufrechterhalten. Die dabei verwendete Methode basiert auf der natürlichen menschlichen Gabe, sich Wörter zu merken, die immer wieder und systematisch im Text auftauchen. Die Audiodateien sind auf www.audiolego.com/Band_2.html inklusive erhältlich.

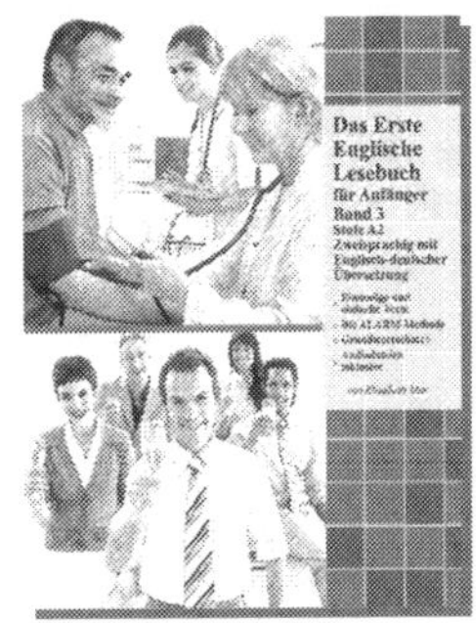

Das Erste Englische Lesebuch für Anfänger Band 3 Zweisprachig mit Englisch-deutscher Übersetzung Niveaustufe A2

Dieses Buch ist Band 3 des Ersten Englischen Lesebuches für Anfänger. Die Motivation der Leser wird durch lustige Alltagsgeschichten aufrechterhalten. Die dabei verwendete Methode basiert auf der natürlichen menschlichen Gabe, sich Wörter zu merken, die immer wieder und systematisch im Text auftauchen. Die Audiodateien sind auf www.audiolego.com/Band_3.html inklusive erhältlich.

Das Zweite Englische Lesebuch
Zweisprachig mit Englisch-deutscher Übersetzung
Niveaustufen A2 B1

Der Privatdetektiv ist hinter der Frau her, die er liebt. Ehemaliger Luftwaffenpilot, entdeckt er einige Seiten in der menschlichen Natur, mit denen er nicht zurechtkommen kann. Neue Worte werden im Buch von Zeit zu Zeit wiederholt, dadurch können Sie sich leichter an sie erinnern. Die Audiodateien sind auf www.audiolego.com/Band_4.html inklusive erhältlich.

Das Erste Englische Lesebuch für Kinder und Eltern
Zweisprachig mit Englisch-deutscher Übersetzung
Niveaustufe A1

Das Buch enthält einen Anfängerkurs für Kinder, wobei die Texte auf Deutsch und auf Englisch nebeneinanderstehen. Mit dem ersten Kapitel gibt es Bilder und die ersten einfachen Vokabeln, aus welchen verschiedene Sätze gebildet wurden. Mit dem zweiten Kapitel kommen die nächsten Bilder und Vokabeln hinzu, bis im Laufe des Buches aus zusammengewürfelten Sätze, kleine Geschichten werden. Einfache Texte und ein ausgewählter und dosierter Grundwortschatz führen den Lernenden behutsam in die englische Sprache ein. Die Audiodateien sind auf www.audiolego.com/Band_11.html inklusive erhältlich.

Das Erste Englische Lesebuch für Kaufmännische Berufe und Wirtschaft
Zweisprachig mit Englisch-deutscher Übersetzung
Niveaustufen A1 A2

In jedem Kapitel wird eine Anzahl an Vokabeln vermittelt, die anschließend direkt in kurzen, einprägsamen Sätzen und Texten veranschaulicht werden. Sätze werden stets aus den in den vorherigen Kapiteln erklärten Wörtern gebildet. Dabei handelt es sich durchgehend um alltagstaugliches Material für Berufssituationen wie Telefonate, Besprechungen, Geschäftsreisen und Geschäftskorrespondenz. Die Audiodateien sind auf www.audiolego.com/Band_12.html inklusive erhältlich.

Das Erste Englische Lesebuch für Medizinische Fachangestellte
Zweisprachig mit Englisch-deutscher Übersetzung
Niveaustufen A1 A2

Bei diesem Lehrbuch handelt es sich um ein Lesebuch für medizinische Fachangestellte und Patientenbetreuung. Dementsprechend behandeln die Lektionstexte und Vokabeln auch Themen wie Patientengespräche, Diagnostik, die Beschreibung von Symptomen und vieles mehr, was man im Kontakt mit Ärzten und Patienten braucht. Die Lektionen sind in mehrere Blöcke unterteilt: Vokabelliste mit Lautschrift und Übersetzung, kurze Übungsdialoge und zweisprachige Texte und meistens im Anschluss einige Verständnisfragen zu den Gesprächsinhalten. Die Audiodateien sind auf www.audiolego.com/Band_13.html inklusive erhältlich.

Das Erste Englische Lesebuch für Studenten
Zweisprachig mit Englisch-deutscher Übersetzung
Niveaustufen A1 A2

Das Buch enthält einen Kurs für Anfänger und fortgeschrittene Anfänger, wobei die Texte auf Deutsch und auf Englisch nebeneinander stehen. Die Dialoge sind praxisnah und alltagstauglich. Die Audiodateien sind auf www.audiolego.com/Band_10.html inklusive erhältlich.

Das Englische Lesebuch zum Kochen
Zweisprachig mit Englisch-deutscher Übersetzung
Niveaustufen A1 A2

Lernt man eine Sprache, hilft die Bekanntheit mit einem Thema, eine Verbindung zwischen zwei Sprachen herzustellen. Rezeptanleitungen, zusammen mit leichten Fragen und Antworten, zeigen den Gebrauch dieser Wörter und Sätze. Es könnte Ihren Appetit anregen oder Englischlernenden wie Ihnen helfen, ihre Kenntnis in einem bekannten Umfeld der Küche zu verbessern. Die Audiodateien sind auf www.audiolego.com/Band_9.html inklusive erhältlich.

Erste Englische Fragen und Antworten für Anfänger
Zweisprachig mit Englisch-deutscher Übersetzung
Niveaustufen A1 A2

Das Buch enthält einen Kurs für Anfänger und fortgeschrittene Anfänger, wobei die Texte auf Deutsch und auf Englisch nebeneinander stehen. Das Buch enthält viele Beispiele für Fragen und Antworten im Englischen. Sätze werden stets aus den in den vorherigen Kapiteln erklärten Wörtern gebildet. Die Audiodateien sind auf www.audiolego.com/Band_5.html inklusive erhältlich.

Das Erste Englische Lesebuch für Familien
Zweisprachig mit Englisch-Deutscher Übersetzung
Niveaustufen A1 A2

Das Buch enthält eine Darstellung der englischen Gespräche des täglichen Familienlebens, wobei die Texte auf Englisch und auf Deutsch nebeneinander stehen. Die dabei verwendete Methode basiert auf der natürlichen menschlichen Gabe, sich Wörter zu merken, die immer wieder und systematisch im Text auftauchen. Die Audiodateien sind auf www.audiolego.com/Band_15.html inklusive erhältlich.

Thomas's Fears and Hopes
Plain Spoken English with Idioms
Bilingual for Speakers of German
Pre-intermediate Level B1

Thomas war zu seines Vaters Beerdigung nach Georgia heimgekehrt. Er wurde informiert, dass er das ganze Vermögen bekommen würde, denn er war ein Einzelkind. Da passierten einige Ereignisse, die ihm eine Furcht einjagten. Die Audiodateien sind auf www.audiolego.com/Band_6.html inklusive erhältlich.

Fremde Wasser
Zweisprachig mit Englisch-deutscher Übersetzung
Stufe B2

Mitgründer eines Zwei-Mann-Unternehmens zu sein hat seine Vor- und Nachteile. Das kalte Wasser der Selbsttätigkeit ist aber nicht für jedermann geeignet. Die Audiodateien sind auf www.audiolego.com/Band_7.html inklusive erhältlich.

Das Erste Touristische Lesebuch für Anfänger
Zweisprachig mit Englisch-Deutscher Übersetzung
Niveaustufe A1

Das Lesebuch ist der ideale Begleiter für alle, die Sprachen unterwegs lernen wollen. Das Buch enthält am häufigsten gebrauchten Wörter, einfache Sätze und Redewendungen, um sich schnell zu verständigen. Die Audiodateien sind auf www.audiolego.com/Band_14.html inklusive erhältlich.

Who lost the money? Wer verlor das Geld?
Das Erste Englische Lesebuch für Stufen A1 A2
Zweisprachig mit Englisch-Deutscher Übersetzung

Der erste Teil des Buches erklärt mit Beispielen den grundlegenden Satzbau der englischen Sprache. Der zweite Buchteil stellt einen Krimi dar. In der Anlage finden Sie die Liste der 1300 wichtigsten Wörter. Die Audiodateien sind auf www.audiolego.com/Band_16.html inklusive erhältlich.

Unexpected Circumstance
Zweisprachig mit Englisch-Deutscher Übersetzung
Niveaustufe B2

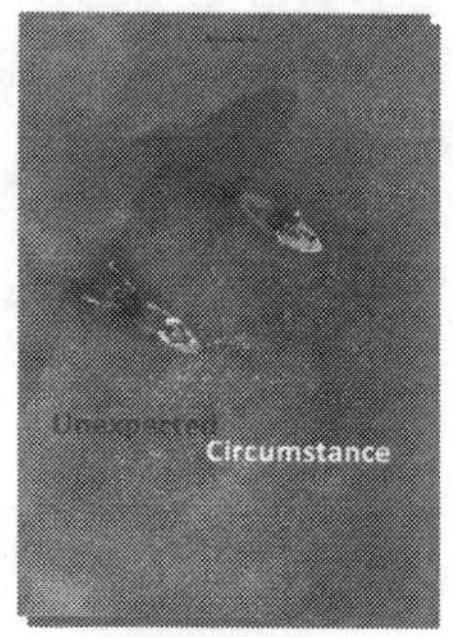

Die forensische Wissenschaft war eine von Damien Morins Leidenschaften. Inzwischen betraf das erste wirkliche Verbrechen, dass er untersuchte, seine eigene Vergangenheit. Die Audiodateien sind auf www.audiolego.com/Band_8.html inklusive erhältlich.

Zeitfracht Medien GmbH
Ferdinand-Jühlke-Straße 7
99095 Erfurt, Deutschland
produktsicherheit@kolibri360.de